머리가 커서 귀여운
손뜨개 인형

Introduction

제가 만드는 작품은 늘 머리가 큰 가분수입니다.

딱히 그렇게 만들자고 의식하는 것도 아닌데,

귀여운 느낌이 드는 밸런스로 만들면 어느새 가분수가 되고 맙니다.

그래서 이번에는 작정하고 일부러 '큰 머리'를 의식하고 만들어봤습니다.

초보자도 만들기 쉽도록 손뜨개 인형에 머리, 몸통, 팔, 다리 등

어떤 동물에도 사용할 수 있는 공통의 파트를 많이 사용하였습니다.

털실의 배색이나 귀 모양을 살짝 바꾸기만 하면 다양한 동물로 변화를 줄 수 있습니다.

커다란 머리가 어울릴 법한 동물 가운데에서

친숙하고 인기 있는 동물을 중심으로 주제를 선택하였습니다.

코바늘로 뜨는 뜨개 볼, 큰 머리 동물 인형과 함께 즐거운 코바늘뜨기의 세상을 만끽하세요.

'머리가 크니까 정말 귀여워!'

분명 그렇게 느끼게 되실 거예요.

호시 미쓰키

Contents

토끼 Rabbit 만드는 법······ page 44

곰 Bear 만드는 법 ······ page 45

여우 Fox 만드는 법 ······ page 48

펭귄 Penguin 만드는 법 ----- page 50

너구리 Racoon dog 만드는 법 ······ page 47

아기 돼지 삼형제 The three little pigs

만드는 법 ····· page 52

오리 가족 Duck's family 만드는 법 ······ page 54

개구리 Frog 만드는 법 ...... page 56

호랑이 Tige- 만드는 법 ------ page 57

갓파 ㅏappa 만드는 법 ⋯⋯ page 58

라쿤 Racoon 만드는 법 ------ page 60

산타와 순록 Santa Claus & Reindeer 만드는 법 ------ page 62, 64

스트랩 Strap 만드는 법 ⋯⋯ page 66

곰돌이 파우치 · 판다 파우치 Pouch 만드는 법 ------ page 68

아기 돼지 손뜨개 인형을 만들어보자!

Try me

16쪽에 나오는 아기 돼지 삼형제를 만들면서, 짧은뜨기와 기본이 되는 만드는 법을 소개합니다.

이 책에서 소개하는 손뜨개 인형들은 기본적으로 뜨는 방법이 같으므로,

각각의 뜨개 도안을 확인하고 뜹니다.

재료

털실(아크릴사), 수예용 솜, 인형 눈(단추 눈), 자수실, 단추
※ 자세한 내용은 52쪽 참조.

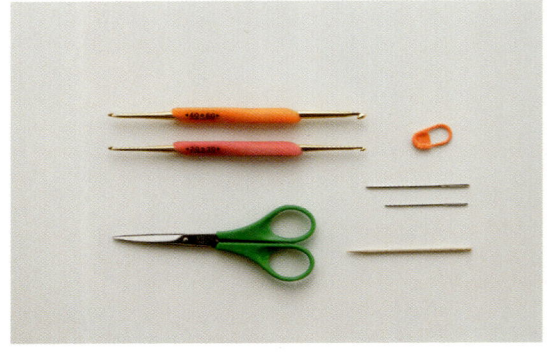

도구

양쪽 코바늘 4/0-6/0호, 2/0-3/0호, 털실용 돗바늘,
자수바늘, 단수표시링, 이쑤시개, 가위

작품에 따라 있으면 편리한 도구

니퍼, 수정액, 수예용 본드

같은 도안으로 크기를 다르게 만들 수 있어요!

순모사 3/0호   아크릴사 4/0호

사용하는 실과 코바늘의 호수

1. 머리 만들기 빙글빙글 뜨기 / 코 늘리기 / 코 줄이기

STEP 1 원 기초코를 만든다

1

집게손가락에 털실을 2회 감는다.

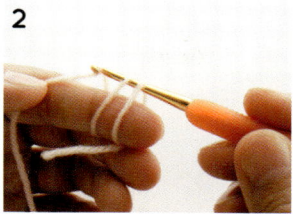

2

실 끝자락을 집게손가락과 가운뎃손가락 사이에 끼우고 원 안으로 코바늘을 넣어 실을 걸어 뺀다.

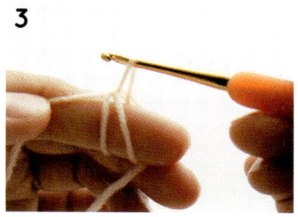

3

코바늘을 원 안에서 빼낸 모습.

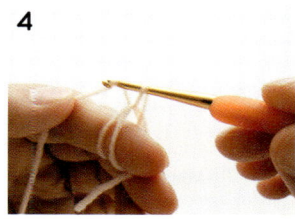

4

한 번 더 코바늘에 실을 걸어 뺀다.

5

빼내서 기둥코 사슬을 뜬 모습.

STEP 2 짧은뜨기를 한다(1단)

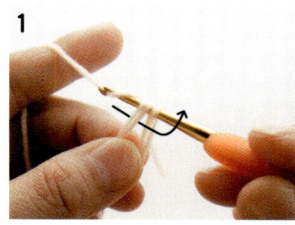

1

집게손가락을 빼고, 실을 집게손가락에 건다. 원을 엄지손가락과 가운뎃손가락으로 잡는다. 원 안으로 코바늘을 넣어 실을 건다.

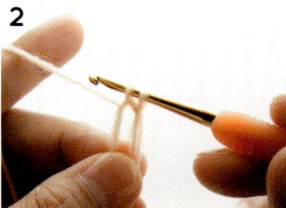

2

바늘에 건 실을 원 안으로 당겨 뺀다.

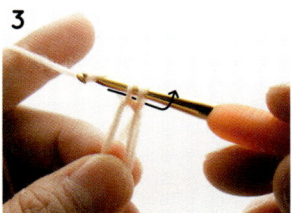

3

다시 실을 걸어, 바늘에 걸린 2개의 루프를 통과시켜 빼낸다.

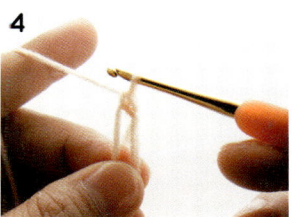

4

빼낸 모습. 이것이 1단의 첫 번째 코.

5

1~4를 5회 반복하여, 짧은뜨기를 1단의 콧수만큼(6코) 뜬다.

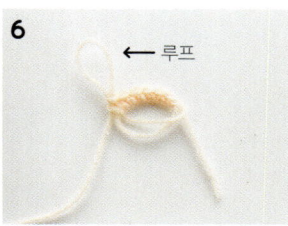

6

← 루프

6코를 뜬 모습. 여기서 코바늘에 걸려 있는 루프를 크게 늘려 코가 풀리지 않도록 한 다음 코바늘을 뺀다.

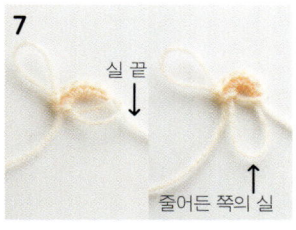

7

실 끝
↓

줄어든 쪽의 실
↑

실 끝을 당겨 줄어든 쪽의 털실을 잡아당긴다(다른 원 하나가 조여진다).

8

← 첫코

다시 실 끝을 당겨 남은 원도 줄이고, 구멍이 보이지 않을 때까지 바짝 당겨 조인다. 1단을 뜬 모습.

2단은 코를 늘리며 뜬다(기둥코 없음)

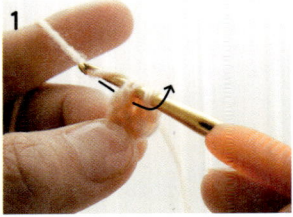

1

가장 첫 번째의 짧은뜨기 코(STEP 2-8의 첫코)에 코바늘을 넣는다.

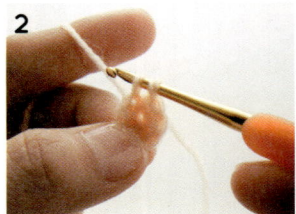

2

코바늘에 실을 걸어 뺀다.

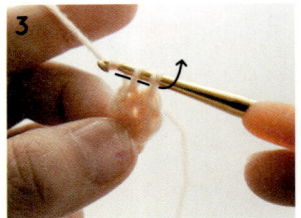

3

뺀 다음, 다시 한 번 코바늘에 실을 걸어, 바늘에 걸린 2개의 루프를 통과시켜 빼낸다.

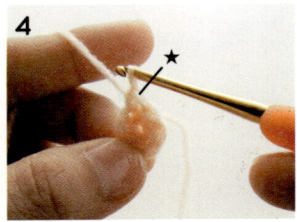

4

2단의 1코를 뜬 모습.

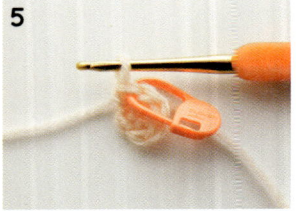

5

2단의 첫 번째 코(★)에 단수코시링을 끼운다. 뜨개 시작점을 알 수 있어 콧수나 단수를 세기 쉽다.

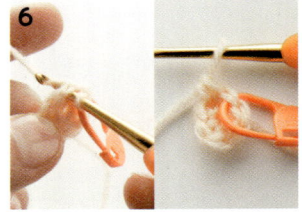

6

두 번째 코도 같은 코에 코바늘을 넣어, 짧은뜨기 1코를 뜬다(전 단의 한 코에 두 코를 떠 넣는다). 이것이 코 늘리기이다.

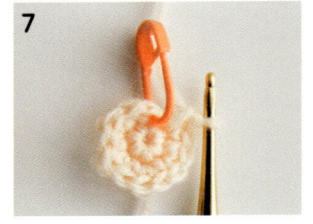

7

2단(12코)을 뜬 모습.

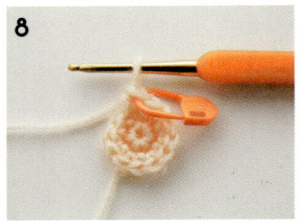

8

3단의 첫 번째 코(단수표시링이 걸려 있는 코)를 뜬 다음, 전 단에 걸려 있던 단수표시링을 빼서 3단의 첫 번째 코로 옮겨 건다. 뜨개 도안을 따라 11단까지 뜬다.

12단 이후는 코를 줄이며 뜬다

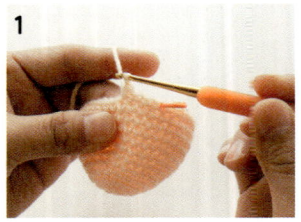

1

12단의 4코를 뜬 모습.

2

12단의 다섯 번째 코에서 코를 줄인다. 다섯 번째 코에 코바늘을 넣어 실을 건다.

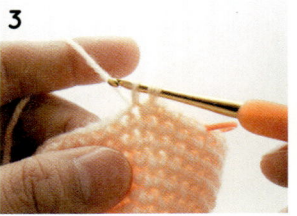

3

바늘에 건 실을 당겨 뺀다.

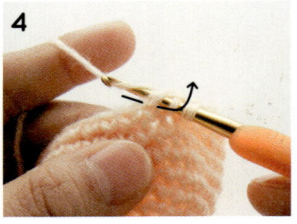

4

이어서 다음 코에 코바늘을 넣어 실을 건다.

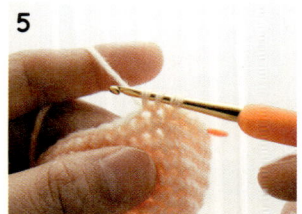

5

바늘에 건 실을 당겨 뺀다(2코분의 실을 당겨 뺀 모습).

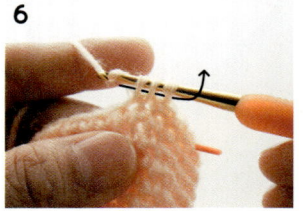

6

다시 한 번 바늘에 실을 걸어, 3개의 루프를 통과시켜 빼낸다.

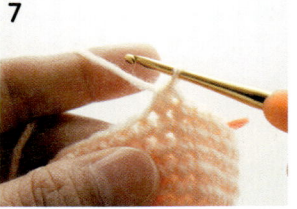

7

짧은뜨기 2코 모아뜨기로 코 줄이기를 한 모습.

STEP 5 뜨개를 끝내는 빼뜨기를 한다

1

14단의 가장 마지막은 빼뜨기를 한다. 24코를 뜬 모습.

2

옆의 코(단수표시링이 걸려 있는 코)에 코바늘을 넣어, 실을 걸어 뺀다.

3

그 상태에서 계속 실을 당겨 빼낸다. 실을 뺐으면, 감침질용으로 20cm 정도 남기고 자른다.

4

실 끝자락을 당겨, 털실을 조인다.

2. 몸통 뜨기 기둥코 세워 뜨기 / 단에서 색깔 바꾸기

1

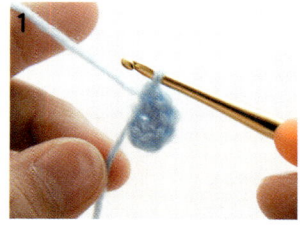

머리와 마찬가지로 원 기초코를 만들어 1단을 뜬다.

2

가장 첫 번째 코에 코바늘을 넣어, 빼뜨기를 한다.

3

실을 당겨 뺀 모습(1단 완성).

4

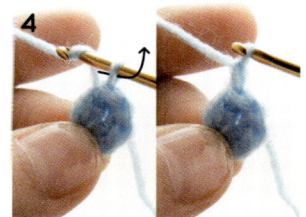

다시 한 번 실을 걸어 빼내, 기둥코 사슬을 뜬 모습.

5

가장 첫 번째 짧은뜨기 코(1단에서 빼뜨기를 한 코)에 첫 번째 코를 뜬 모습.

6

첫 번째 코(★)에 단수표시링을 걸고, 두 번째 코도 같은 코에 코바늘을 넣어 짧은뜨기를 1코 뜬다.

7

코를 늘리며 2단(12코)을 뜬 모습.

8

2단의 첫 번째 코(단수표시링이 걸려 있는 코)에 코바늘을 넣어, 빼뜨기한 모습(2단 완성).

35

9 기둥코 사슬을 뜬 모습. 단수표시링
이 걸려 있는 코에서 첫 번째 코를
뜨기 시작한다.

10 3단을 콧수 증감 없이 뜨고, 4단의
11코를 뜬 모습(색깔을 바꿀 때에는
전 단의 가장 마지막 코를 뜨는 도중
에 실을 바꾼다).

11 4단 열두 번째 코의 실을 당겨 뺀 모습.

12 여기서 실을 바꾼다. 색깔을 바꾼 실
을 바늘에 걸어 뺀 모습.

13 열두 번째 코를 뜬 모습.

14 4단의 첫 번째 코(단수표시링이 걸
려 있는 코)에 코바늘을 넣어 빼뜨
기한다.

15 빼뜨기하여 4단이 완성된 모습. 이
어서 5단의 기둥코를 뜬다.

16 5단의 첫 번째 코를 뜬 모습. 단수표
시링을 옮겨 건다.

POINT 빙글빙글 뜨기에서 색깔을 바꿀 때

1 색깔을 바꾸려는 코의 한 코 전에서
빼 뜰 때, 바꿀 색깔의 실을 코바늘
에 건다.

2 바늘에 걸려 있는 2개의 루프를 한
꺼번에 빼 뜬다. 이것으로 다른 실의
코가 되었다.

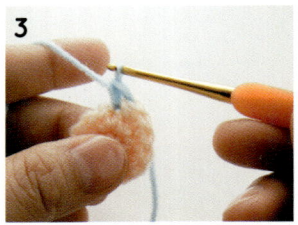

3 다음 코에 코바늘을 넣고 실을 걸어
빼서, 짧은뜨기 1코를 뜬 모습.

3. 코 뜨기 사슬 기초코 / 이랑뜨기

STEP 1 사슬 기초코를 만든다

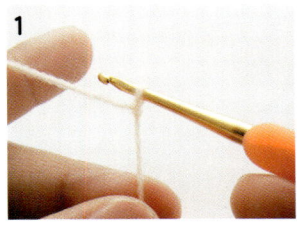

1

사슬뜨기로 기초코를 만든다(70쪽 '사슬뜨기 기초코' 참조). 이때 만든 코는 1코로 세지 않는다.

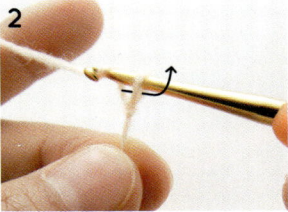

2

코바늘에 실을 걸어 빼내, 사슬코를 만든다.

3

사슬뜨기 1코를 뜬 모습.

4

【앞면】
— 기둥코
— 네 번째 코
— 세 번째 코
— 두 번째 코
— 첫 번째 코

2, 3을 반복하여, 사슬코 4코를 뜨고, 기둥코 사슬 1코를 뜬다.

STEP 2 짧은뜨기를 한다(1단)

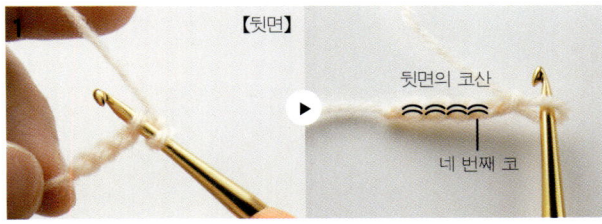

1

【뒷면】
뒷면의 코산
네 번째 코

사슬코에 짧은뜨기를 한다. 네 번째 사슬코 뒷면의 코산(네 번째 코의 코산)에 코바늘을 넣는다.

2

짧은뜨기를 1코 뜬다.

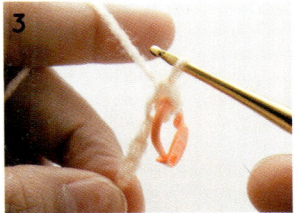

3

첫 번째 코에 단수표시링을 건다.

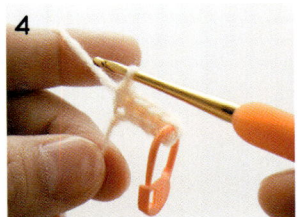

4

마찬가지로 사슬코 뒷면의 코산에 짧은뜨기 3코를 더 뜬다.

5

끝까지 왔으면 4에서 뜬 같은 코에 늘림코(짧은뜨기 2코)를 뜬다.

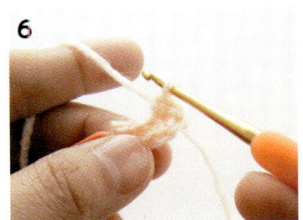

6

다음은 방향을 바꾸어, 같은 코에 짧은뜨기를 1코 더 뜬다. 이것으로 같은 코에 짧은뜨기를 4코 뜬 모습.

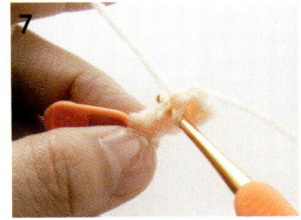

7

다음 코부터는 사슬코 앞면의 실 2가닥을 한 번에 떠서, 반대쪽 짧은뜨기를 뜬다.

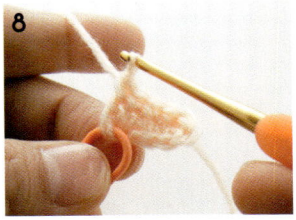

8

사슬코 끝까지 떴으면, 5와 마찬가지로 같은 코에 짧은뜨기 2코를 더 뜬다.

9

2코를 떠 넣어, 총 12코를 뜬 모습.

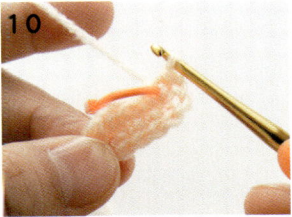

10

1단의 첫 번째 코(단수표시링이 걸려 있는 코)에 바늘을 넣고 실을 걸어 한 번에 빼낸다. 이것으로 1단이 완성된 모습.

3단을 이랑뜨기로 뜬다

1

3단의 기둥코 사슬을 뜬다.

2
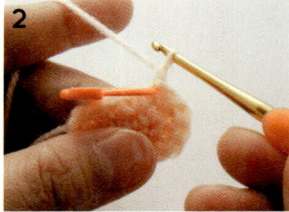
기둥코 사슬을 뜬 모습.

3
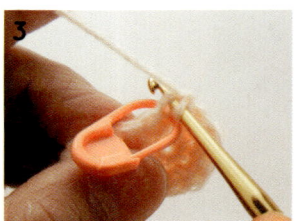
이랑뜨기를 한다. 전 단(2단) 사슬
코의 뒤쪽 실 1가닥에 코바늘을 넣
고, 실을 걸어 뺀다.

4
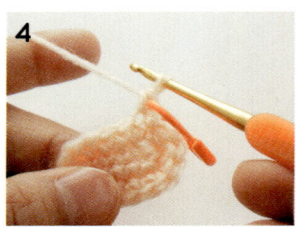
다시 실을 걸어 빼서 1코를 뜬다. 첫
번째 코에 단수표시링을 옮겨 건다.

5

이랑뜨기로 4코를 뜬 모습. 코 아래
로 이랑 무늬가 생긴다.

4. 각 파트 만들기와 솜 넣기

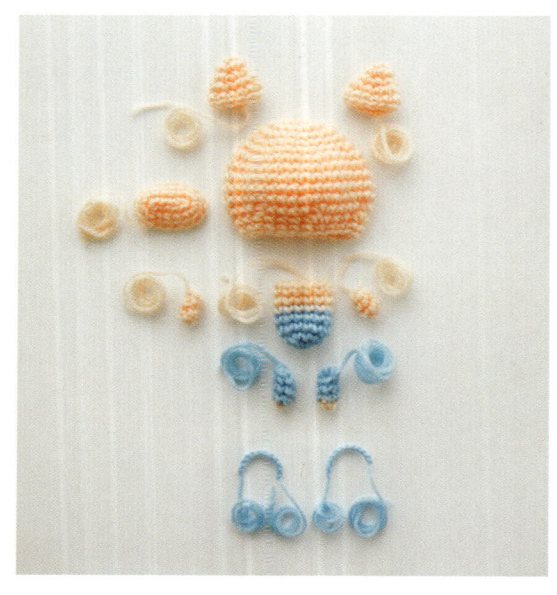

머리와 몸통에 솜을 채운다. 작은
파트는 이쑤시개나 핀셋 등을 이용
하여 넣으면 좋다.

귀, 팔, 다리는 '원 기초코'를 만들어 짧
은뜨기를 떠 넣고, 기둥코를 만들어 뜨
개 도안대로 뜬다. 멜빵은 사슬 10코를
떠서 만든다.

5. 얼굴을 만들면서 파트 조립하기

눈을 단다

1

돗바늘에 머리와 같은 실을 꿰고, 실 끝은 매듭을 짓는다. 바늘을 목 부분으로 넣어 눈을 달 위치로 빼낸다.

2

단추 눈을 실에 꿰어, 바늘을 뺀 위치로 다시 넣고, 나머지 한쪽 눈을 달 위치로 바늘을 뺀다.

3

마찬가지로 단추 눈을 실에 꿰고, 머리 뒤쪽으로 바늘을 뺀다.

4

몇 차례 머리 속으로 바늘을 통과시킨 다음, 실을 살짝 당긴 상태에서 자른다.

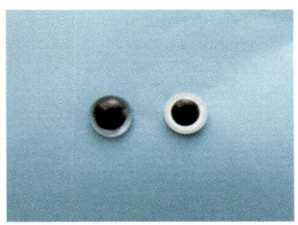

P O I N T

크리스털 아이를 사용할 때는 뒷면에 수정액을 칠하면 흰자위가 또렷하게 보인다.

코를 붙인다

1

검은색 털실로 콧구멍을 수놓는다.

2

수를 놓은 모습. 매듭을 짓고 실을 자른다.

3

코에 솜을 단단히 채워 넣는다. 돗바늘에 코의 실 끝자락을 꿰어, 뜨개코의 머리를 1코씩 뜨면서 머리에 감침질한다.

파트를 감침질해 붙인다

1

머리에 귀를 감침질한다.

2

머리를 뜨고 남은 실은 머리 뒷부분의 겉으로 빼내서 여분을 잘라 마무리한다.

3

머리에 몸통을 감침질한다. 1코씩 감침질하는데, 머리의 콧수가 몸통의 2배이므로, 몸통의 1코에 머리 2코를 통과시켜 감침질한다.

입을 수놓는다

1

자수실로 입을 수놓는다. 실 끝은 매듭을 짓고, 입꼬리 위치로 바늘을 뺀다.

2

반대쪽 입꼬리로 바늘을 넣고, 머리 쪽으로 바늘을 빼내 실을 자른다.

3

입 모양이 흐트러지지 않도록 접착제로 군데군데 고정한다.
※ 입 모양 자수는 몸통과 머리를 연결하기 전에 해도 된다. 원하는 타이밍에 수놓는다.

팔과 다리, 멜빵을 붙인다

1

다리는 몸통 라인에 맞게, 사진의 방향과 맞추어 감침질한다.

2

팔을 붙인 다음, 멜빵을 붙인다. 멜빵은 뜨개 시작 부분의 실과 뜨개 끝 부분의 실로 각각 엮어 꿰맨다.

3

멜빵과 같은 털실의 꼬임을 풀어, 꼬여 있던 실 1가닥을 사용하여 단추를 단다.

Look My back--

기타 공통 파트(입 ②)의 코 붙이는 법

1

입 ②는 뜨개지의 뒷면을 겉으로 사용하므로, 뒤쪽으로 나와 있는 실 끝을 반대(앞쪽)로 빼내 자른다.

2

나사 눈 뒤쪽에 접착제를 발라 코 붙이는 위치에 끼워 넣고, 여분을 니퍼로 자른다.

3

입에 나사 눈을 붙인 모습.

4

자수실로 입 모양을 수놓는다.

Good job!

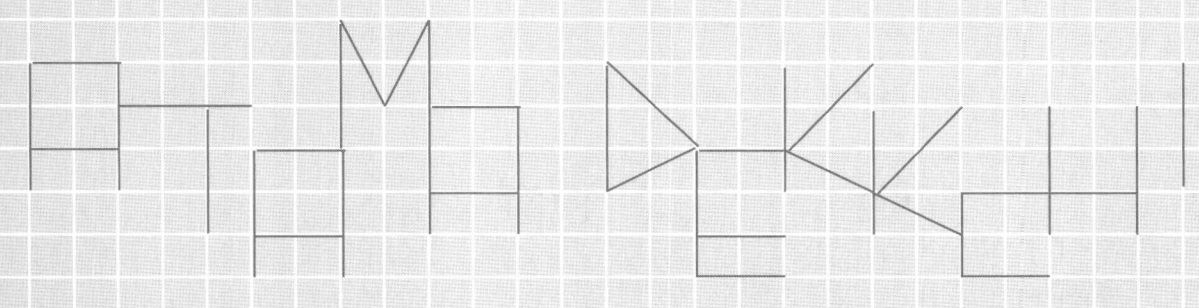

작품 만드는 법
Recipe

- 대부분의 작품은 공통의 파트(뜨개 도안)를 사용하여 만듭니다. 뜨개 도안이 없는 파트는 42쪽의 공통 파트를 참조해주세요.

- 뜨는 법은 뜨개기호로 표시되어 있습니다. 기본적으로는 32쪽에서 시작하는 '짧은뜨기 레슨'의 방법으로 만들 수 있습니다.
  그 밖의 뜨는 법은 70쪽을 참조해주세요.

- 작품의 완성 사이즈는 대략적인 크기입니다. 뜨는 사람에 따라, 뜨는 방법에 따라 크기가 달라집니다.

- 도구는 코바늘의 호수만 표시하고 있으나, 그 밖에 공통적으로 필요한 것은 32쪽을 확인하여 준비해주세요.

공통 파트

머리 (1장)

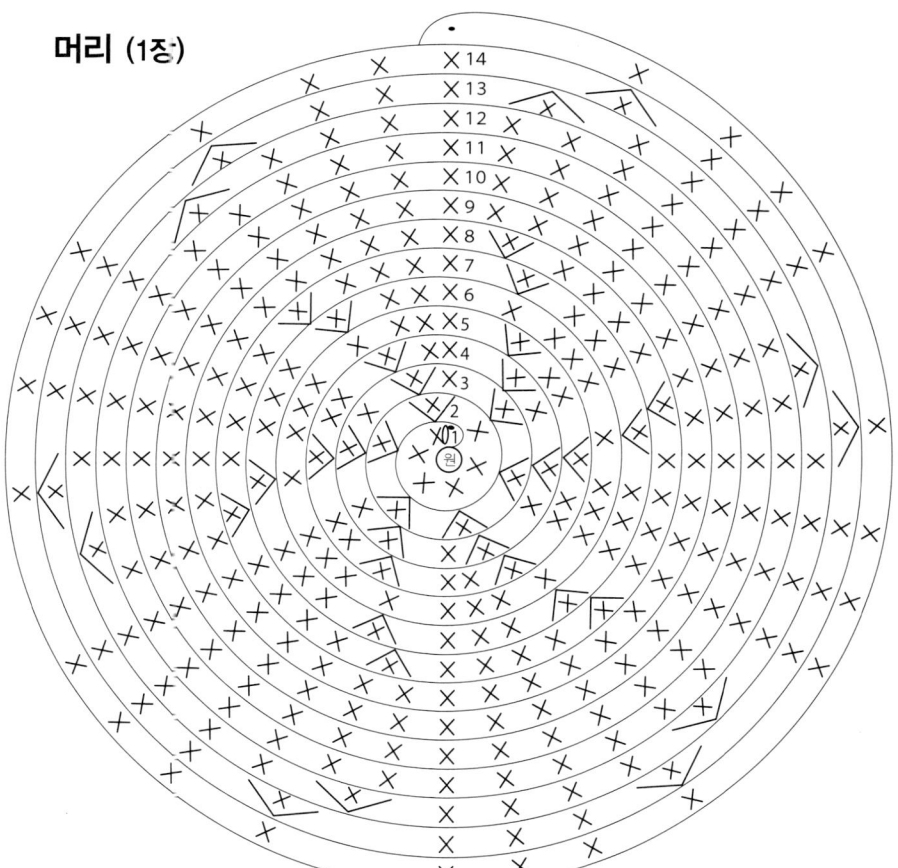

단수	콧수
14	24
13	24 (−6코)
12	30 (−6코)
11 ~ 8	36 ~ 36
7	36 (+6코)
6	30 (+6코)
5	24
4	24 (+6코)
3	18 (+6코)
2	12 (+6코)
1	원 기초코에 짧은뜨기 6코를 뜬다.

몸통 (1장)

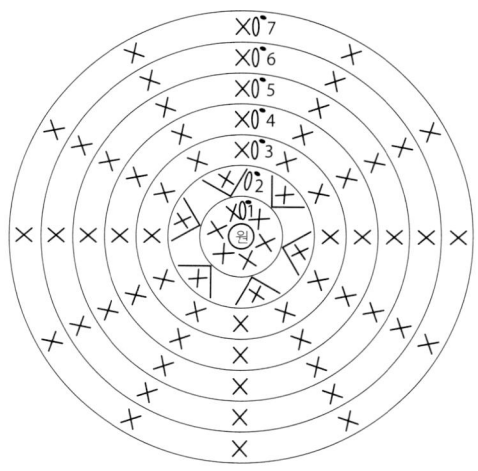

단수	콧수
7 ~ 3	12 ~ 12
2	12 (+6코)
1	원 기초코에 짧은뜨기 6코를 뜬다.

귀 (2장)

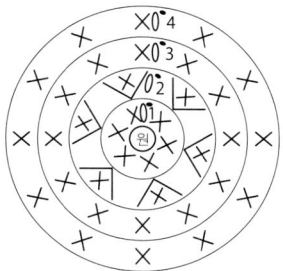

단수	콧수
4	12
3	12
2	12 (+6코)
1	원 기초코에 짧은뜨기 6코를 뜬다.

입 ① (1장)

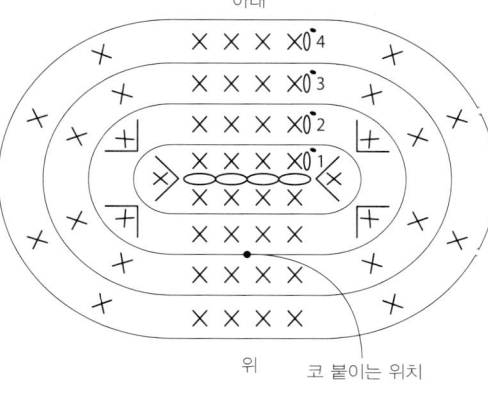

아래

위 ─ 코 붙이는 위치

단수	콧수
4	16
3	16
2	16 (+4코)
1	12
기초코	사슬 4코로 기초코를 만든다.

팔 (2장)

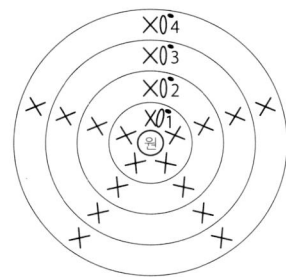

단수	콧수
4 ~ 2	5 ~ 5
1	원 기초코에 짧은뜨기 5코를 뜬다.

입 ② (1장)

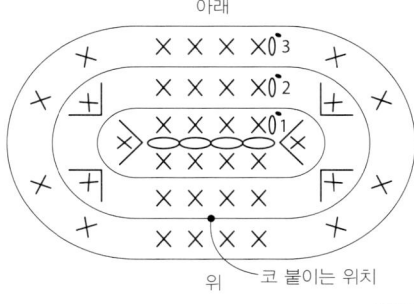

아래

위 ─ 코 붙이는 위치

단수	콧수
3	16
2	16 (+4코)
1	12
기초코	사슬 4코로 기초코를 만든다.

※ 뜨개지의 뒷면을 겉으로 사용한다.

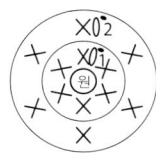

나사 눈 뒤쪽에 접착제를
발라 코 붙이는 위치에 끼워
넣고, 여분을 니퍼로 자른다.

자수실(3가닥)로
수를 놓는다.

다리 (2장)

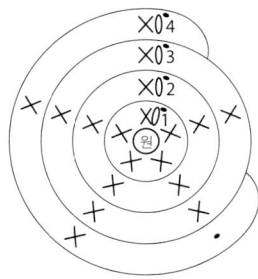

단수	콧수
4	3 (−2코)
3	5
2	5
1	원 기초코에 짧은뜨기 5코를 뜬다.

꼬리 (1장)

단수	콧수
2	6
1	원 기초코에 짧은뜨기 6코를 뜬다.

※ 뜨개지의 뒷면을 겉으로 사용한다.

토끼 Rabbit Photo······page 04

*재료

●실
분홍 토끼 : 아크릴사 A색·연분홍 9g, 흰색 2g
회색 토끼 : 아크릴사 A색·회색 9g, 흰색 2g

●부자재
단추 눈 6mm(검은색) 각 2개
나사 눈 13mm(검은색) 각 1개

●기타
솜, 자수실(검은색) 3가닥

다음 파트는 공통 파트(42쪽)

머리(1장)······A색으로 뜬다.
몸통(1장)······A색으로 뜬다.
입 ②(1장)······흰색으로 뜬다.
팔(2장)······A색으로 뜬다.
다리(2장)······공통 파트 '팔'을 A색으로 뜬다.
꼬리(1장)······A색으로 뜬다.

---

*도구
코바늘 4/0호

*만드는 법
●실은 1가닥으로 뜬다.
1. 각 파트를 뜬다.
2. 입에 나사 눈으로 코를 붙이고, 수를 놓는다.
3. 머리, 몸통, 입, 꼬리에 솜을 넣는다.
4. 머리에 단추 눈으로 눈을 달고, 입, 귀를 감침질한다.
5. 머리에 몸통을 감침질한다.
6. 발부리의 남은 코에 실을 통과시켜, 조여서 고정한다.
7. 발부리에 다리의 4단 뜨개코를 감침질한다.
8. 몸통에 다리, 팔, 꼬리를 감침질한다.

조립방법

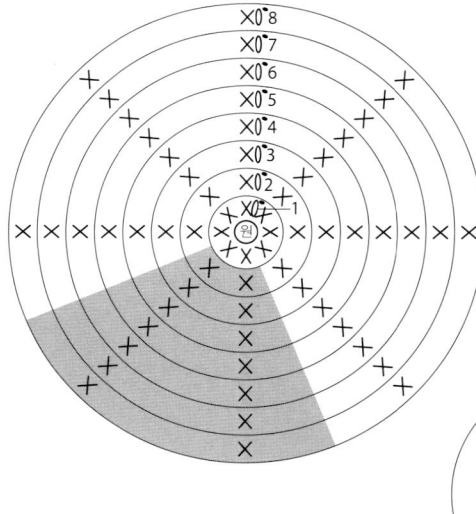

높이 10.5cm

머리의 뜨개 시작점
머리의 8단
8코
머리의 1~5단
머리의 8~12단
발부리
뜨개 시작점
몸통의 6단
다리
발부리의 3~4단
뜨개 시작점
몸통의 2~3단
몸통의 1~3단

귀 (2장)·■흰색·□A색

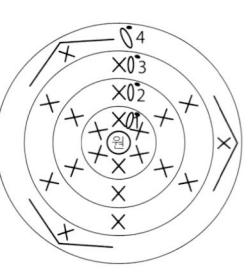

단수	콧수
8 ~ 2	8 ~ 8
1	원 기초코에 짧은뜨기 8코를 뜬다.

발부리
(2장)·A색

단수	콧수
4	3 (−3코)
3	6
2	6
1	원 기초코에 짧은뜨기 6코를 뜬다.

곰

✳ 재료
● 실
갈색 곰 : 아크릴사 적갈색 9g, 흰색 2g
흰곰 : 아크릴사 흰색 11g
● 부자재
단추 눈 6mm(검은색) 각 2개
나사 눈 13mm(검은색) 각 1개
● 기타
솜, 자수실(검은색) 3가닥

✳ 도구
코바늘 4/0호

✳ 만드는 법
● 실은 1가닥으로 뜬다.
1. 각 파트를 뜬다.
2. 입에 나사 눈으로 코를 붙이고, 수를 놓는다.
3. 머리, 몸통, 입, 꼬리에 솜을 넣는다.
4. 머리에 단추 눈으로 눈을 달고, 입, 귀를 감침질한다.
5. 머리에 몸통을 감침질한다.
6. 몸통에 다리, 팔, 꼬리를 감침질한다.

전부 공통 파트(42쪽)
머리(1장)······적갈색으로 뜬다.
몸통(1장)······적갈색으로 뜬다.
귀(2장)······적갈색으로 뜬다.
입 ①(1장)······흰색으로 뜬다.
팔(2장)······적갈색으로 뜬다.
다리(2장)······적갈색으로 뜬다.
꼬리(1장)······적갈색으로 뜬다.
※ 흰곰은 전부 흰색으로 뜬다.

조립방법

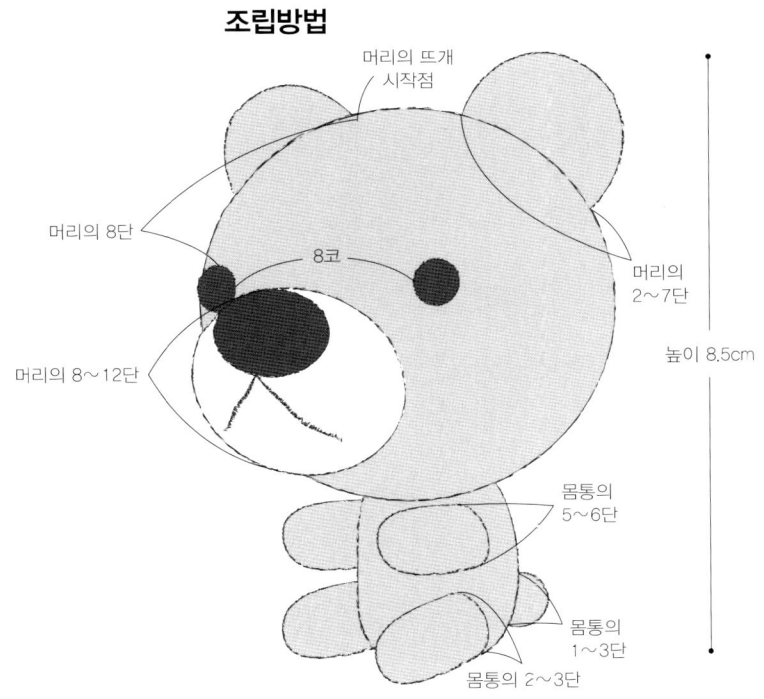

머리의 뜨개
시작점

머리의 8단

8코

머리의
2~7단

머리의 8~12단

높이 8.5cm

몸통의
5~6단

몸통의
1~3단

몸통의 2~3단

45

판다 Panda Photo ------ page 08

*재료

●실
아크릴사 흰색 8g, 검은색 4g

●부자재
크리스털 아이 9mm(투명) 2개
나사 눈 13mm(검은쌍) 1개

●기타
솜, 자수실(검은색) 3가닥, 수정액

*도구
코바늘 4/0호

* 만드는 법

●실은 1가닥으로 뜬다.
1. 각 파트를 뜬다.
2. 입에 나사 눈으로 코를 붙이고, 수를 놓는다.
3. 머리, 몸통, 입, 꼬리데 솜을 넣는다.
4. 크리스털 아이의 뒷면에 수정액을 칠한다.
5. 눈두덩에 크리스털 0-이로 눈을 단다.
6. 머리에 입, 눈두덩, 구 를 감침질한다.
7. 머리에 몸통을 감침질한다.
8. 몸통에 다리, 팔, 꼬리 를 감침질한다.

다음 파트는 공통 파트(42쪽)

머리(1장)······흰색으로 뜬다.
몸통(1장)······1~5단은 흰색으로, 6~7단은
　　　　　　　　검은색으로 뜬다.
귀(2장)······검은색으로 뜬다.
팔(2장)······검은색으로 뜬다.
다리(2장)······검은색으로 뜬다.
입 ②(1장)······흰색으로 뜬다.
꼬리(1장)······흰색으로 뜬다.

조립방법

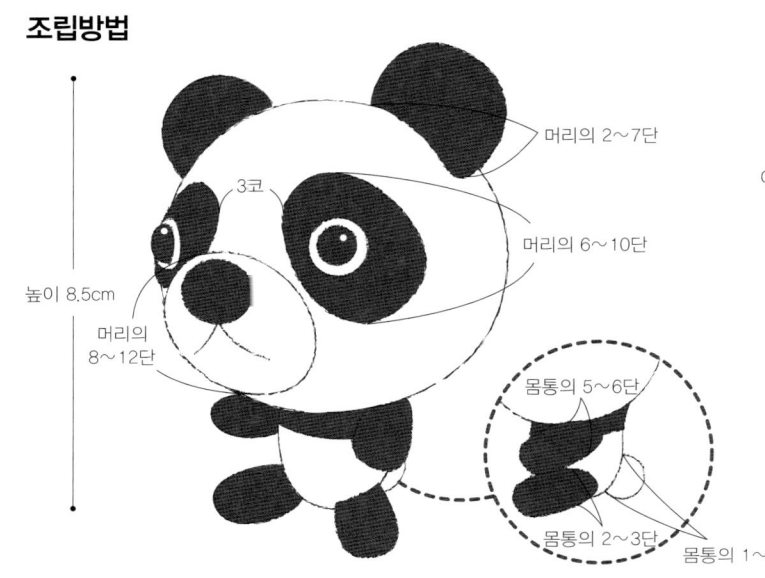

머리의 2~7단
3코
머리의 6~10단
높이 8.5cm
머리의 8~12단
몸통의 5~6단
몸통의 2~3단
몸통의 1~3단

눈두덩 (2장) · 검은색

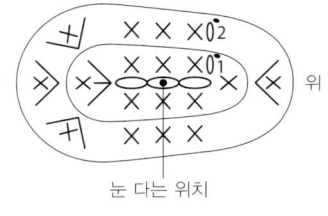

아래　위
01
02
눈 다는 위치

단수	콧수
2	14 (+4코)
1	10
기초코	사슬 3코로 기초코를 만든다.

※뜨개지의 뒷면을 겉으로 사용한다.

너구리 Raccoon dog Photo······page 14

*재료
●실
아크릴사 갈색 9g, 고동색 2g, 흰색 3g
●부자재
단추 눈 6㎜(검은색) 2개
나사 눈 13㎜(검은색) 1개
●기타
솜, 자수실(검은색) 3가닥

*도구
코바늘 4/0호

*만드는 법
●실은 1가닥으로 뜬다.
1. 각 파트를 뜬다.
2. 입에 나사 눈으로 코를 붙이고, 수를 놓는다.
3. 배에 배꼽을 수놓는다.
4. 머리, 몸통, 입, 꼬리에 솜을 넣는다.
5. 눈두덩에 단추 눈으로 눈을 단다.
6. 머리에 입, 눈두덩, 귀를 감침질한다.
7. 머리에 몸통을 감침질한다.
8. 몸통에 배, 다리, 팔, 꼬리를 감침질한다.

다음 파트는 공통 파트(42쪽)
머리(1장)······갈색으로 뜬다.
몸통(1장)······갈색으로 뜬다.
귀(2장)······갈색으로 뜬다.
입 ①(1장)······흰색으로 뜬다.
팔(2장)······갈색으로 뜬다.
다리(2장)······갈색으로 뜬다.
다음 파트는 여우(48쪽)와 공통
꼬리(1장)······갈색으로 뜬다.

배 (1장)・흰색

단수	콧수
2	10 (+5코)
1	원 기초코에 짧은뜨기 5코를 뜬다.

※뜨개지의 뒷면을 겉으로 사용한다.

눈두덩 (1장)・고동색

단수	콧수
2	28 (+6코)
1	22
기초코	사슬 8코로 기초코를 만든다.

※뜨개지의 뒷면을 겉으로 사용한다.

조립방법

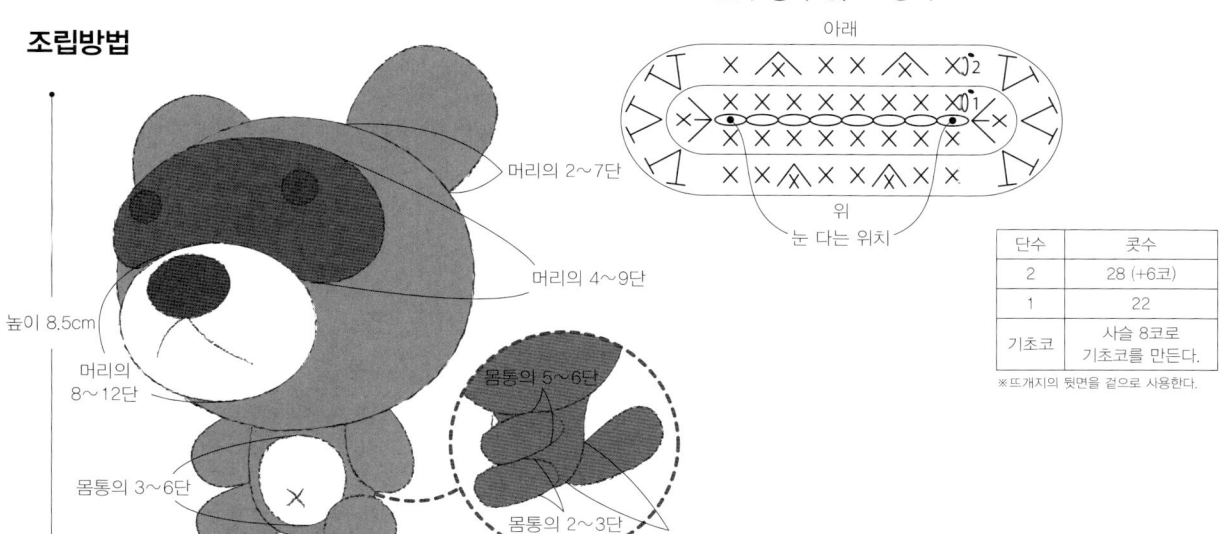

높이 8.5cm
머리의 2~7단
머리의 4~9단
머리의 8~12단
몸통의 3~6단
몸통의 5~6단
몸통의 2~3단
몸통의 1~3단

여우 F o x   Photo ······ page 1 0

✽ 재료
●실
아크릴사 겨자색 13g, 흰색 5g, 검은색 4g
●부자재
단추 눈 6mm(검은색) 2개
나사 눈 13mm(검은색) 1개
●기타
솜, 자수실(검은색) 3가닥

✽ 도구
코바늘 4/0호

✽ 만드는 법
●실은 1가닥으로 뜬다.
1. 각 파트를 뜬다.
2. 입에 나사 눈으로 코를 붙이고, 수를 놓는다.
3. 머리, 몸통, 입, 꼬리어 솜을 넣는다.
4. 머리에 단추 눈으로 눈을 달고, 입, 귀를 감침질한다.
5. 눈 위에 흰색 털실로 수를 놓는다.
6. 머리에 몸통을 감침질한다.
7. 몸통에 다리, 팔, 꼬리를 감침질한다.

다음 파트는 공통 파트(42쪽)
머리(1장)······ 겨자색으로 뜬다.
몸통(1장)······ 겨자색으로 뜬다.
팔(2장)······1, 2단은 검은색으로, 3, 4단은 겨자색으로 뜬다.
다리(2장)······1, 2단은 검은색으로, 3, 4단은 겨자색으로 뜬다.

입 (1장)・■겨자색・□흰색

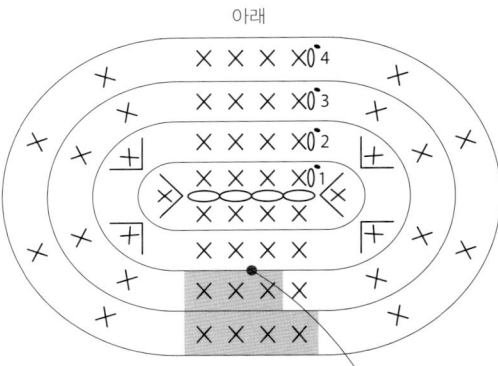

아래

위   코 붙이는 위치

단수	콧수
4	16
3	16
2	16 (+4코)
1	12
기초코	사슬 4코로 기초코를 만든다.

조립방법

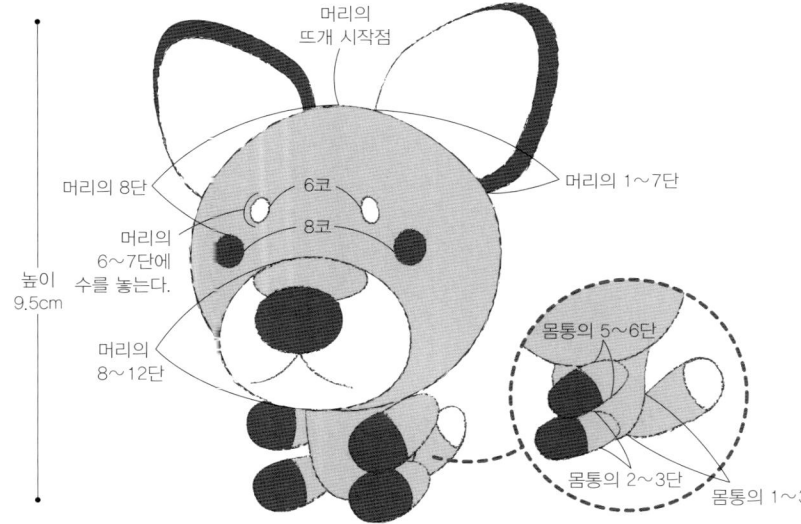

머리의 뜨개 시작점

머리의 1~7단

머리의 8단

6코
8코

머리의 6~7단에 수를 놓는다.

머리의 8~12단

높이 9.5cm

몸통의 5~6단

몸통의 2~3단   몸통의 1~3단

귀 (2장) • ☐흰색 • ■검은색

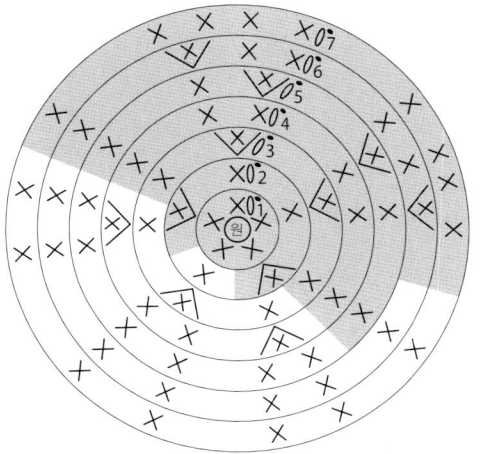

단수	콧수
7	16
6	16 (+2코)
5	14 (+2코)
4	12 (+2코)
3	10 (+3코)
2	7 (+2코)
1	원 기초코에 짧은뜨기 5코를 뜬다.

꼬리 (1장) • ☐흰색 • ■겨자색

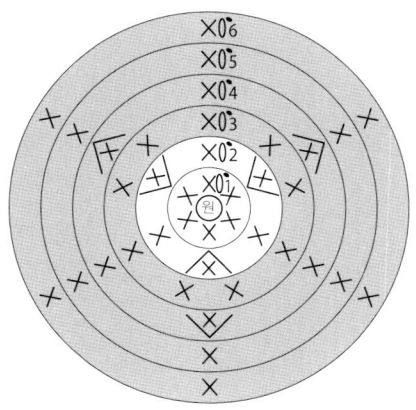

단수	콧수	
6	6	겨자색
5	6	
4	6 (−3코)	
3	9	
2	9 (+3코)	
1	원 기초코에 짧은뜨기 6코를 뜬다.	흰색

펭귄 Penguin Photo ------ page 12

✽ 재료

●실
분홍 펭귄 : 아크릴사 A색·진분홍색 6g,
B색·연분홍 3g, 미색 4g, 황금색 2g
파랑 펭귄 : 아크릴사 A색·파랑색 6g,
B색·하늘색 3g, 미색 4g, 황금색 2g

●부자재
단추 눈 6mm(검은색) Z- 2개

●기타
솜

✽ 도구
코바늘 4/0호

✽ 만드는 법
●실은 1가닥으로 뜬다.
1. 각 파트를 뜬다.
2. 머리, 몸통, 입에 솜을 넣는다.
3. 머리에 단추 눈으로 눈을 달고, 입을 감침질한다.
4. 머리에 몸통을 감침질한다.
5. 몸통에 다리, 팔을 감침질한다.

다음 파트는 공통 파트(42쪽)
몸통(1장)……B색으로 뜬다.

입 (1장)·황금색

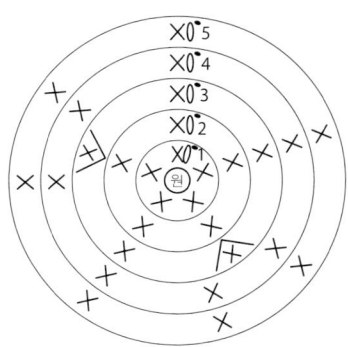

단수	콧수
2	10
1	10
기초코	사슬 3코로 기초코를 만든다.

※뜨개지의 뒷면을 겉으로 사용한다.

조립방법

높이 8cm

머리의
9~10단

몸통의
5~6단

몸통의
1~2단

팔 (2장)·A색

단수	콧수
5	7
4	7
3	7 (+2코)
2	5
1	원 기초코에 짧은뜨기 5코를 뜬다.

머리 (1장)·■A색·□미색

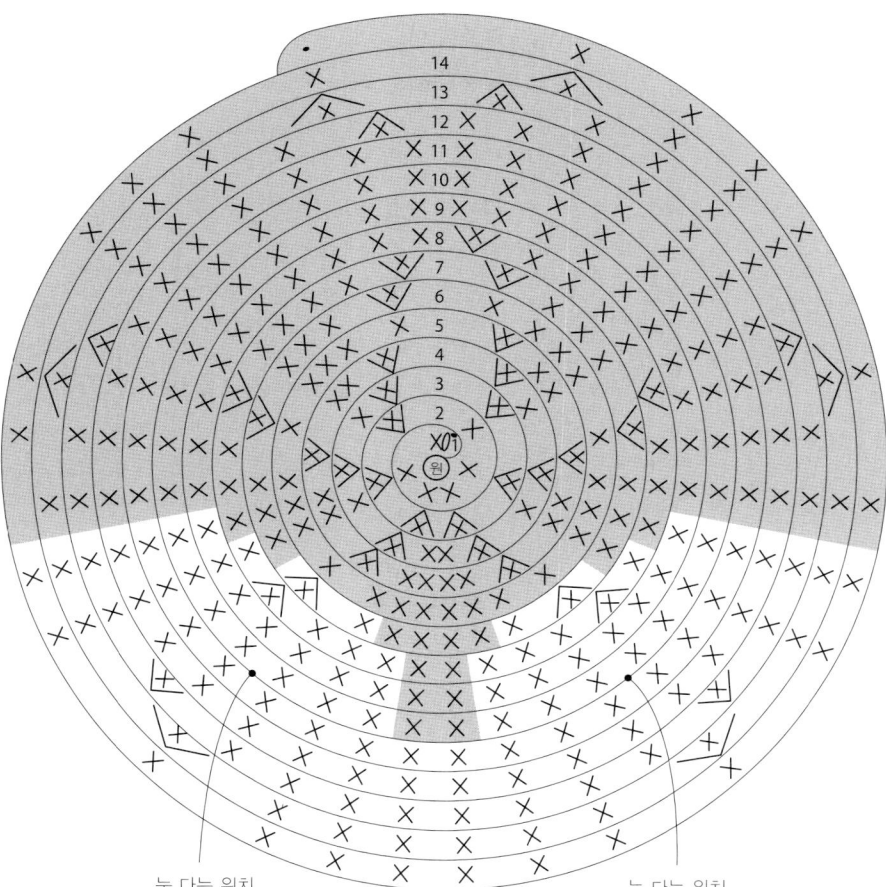

눈 다는 위치   눈 다는 위치

단수	콧수
14	24
13	24 (−6코)
12	30 (−6코)
11 ∫ 8	36 ∫ 36
7	36 (+6코)
6	30 (+6코)
5	24
4	24 (+6코)
3	18 (+6코)
2	12 (+6코)
1	원 기초코에 짧은뜨기 6코를 뜬다.

다리 (2장)·황금색

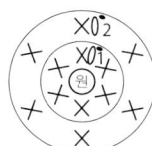

단수	콧수
2	6
1	원 기초코에 짧은뜨기 6코를 뜬다.

＊재료

●실
아크릴사 살구색 8g, A색(빨간색 또는 연두색
또는 하늘색) 3g, 검은색 약간

●부자재
단추 눈 6mm(검은색) 각 2개

●기타
솜, 자수실(검은색) 3가닥,
단추 5mm(파란색, 녹색, 노란색)

＊도구
코바늘 4/0호, 2/0호(멜빵 뜨기용)

＊ 만드는 법
● 실은 1가닥으로 뜬다.

1. 각 파트를 뜬다.
2. 코에 수를 놓는다.
3. 머리, 몸통, 코, 다리에 솜을 넣는다.
4. 머리에 단추 눈으로 눈을 달고, 코, 귀를 감침질한다.
5. 머리에 몸통을 감침질한다.
6. 입을 수놓는다.
7. 몸통에 팔, 다리를 감침질한다.
8. 몸통의 앞뒤 각각 4단에 멜빵을 꿰매어 붙이고, 앞쪽에 단추를 단다.

다음 파트는 공통 파트(42쪽)

머리(1장)‥‥‥‥살구색으로 뜬다.
몸통(1장)‥‥‥‥1~4단은 A색으로, 5~7단은
　　　　　　　　살구색으로 뜬다.

조립방법

머리의
뜨개 시작점

8단

8코

2~7단

머리의
8~12단

털실(검은색)로
수놓기

머리의 10단

높이 10cm

자수실(검은색)로
수놓기

머리의 13단

몸통의
5~6단

몸통의 4단

몸통의 1~2단

코 (1장)·살구색

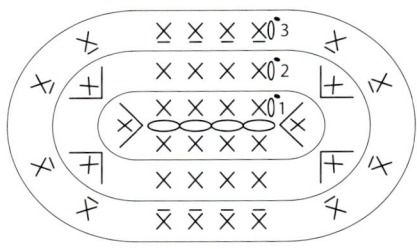

단수	콧수
3	16*
2	16 (+4코)
1	12
기초코	사슬 4코로
기초코를 만든다.

※3단은 이랑뜨기

귀 (2장)·살구색

뒤

앞

단수	콧수
5	12
4	12 (+2코)
3	10 (+3코)
2	7 (+2코)
1	원 기초코에
짧은뜨기
5코를 뜬다.

팔 (2장) · 살구색

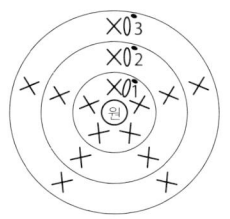

단수	콧수
3	5
2	5
1	원 기초코에 짧은뜨기 5코를 뜬다.

다리 (2장) · A색과 살구색   □ 살구색 · ▦ A색

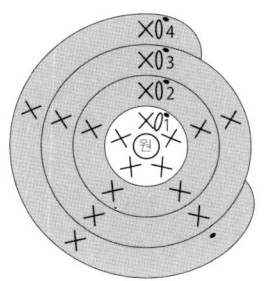

단수	콧수	
4	3 (−2코)	
3	5	A색
2	5	
1	원 기초코에 짧은뜨기 5코를 뜬다.	살구색

멜빵 (2줄) · A색, 2/0호 코바늘

뜨개 시작 ──── 사슬 10코

※뜨개지의 뒷면을 겉으로 사용한다.

오리 가족 D u c k ' s f a m i l y   Photo------page 18

✽ 재료

●실

엄마 오리 : 아크릴·울 혼방사 고동색 14g,

A색·베이지색 7g / 순모사 갈색 3g

아기 오리 : 아크릴·울 혼방사 고동색 6g,

A색·노란색 3g / 순모사 갈색 2g

●부자재

엄마 오리 : 단추 눈 6mm(검은색) 2개

아기 오리 : 나사 눈 4mm(검은색) 2개

●기타

솜

✽ 도구

코바늘 4/0호(엄마 오리), 3/0호(아기 오리)

✽ 만드는 법

●엄마 오리는 실을 2가닥, 아기 오리는 1가닥으로 뜬다.

1. 각 파트를 뜬다.

2. 머리, 몸통에 솜을 넣는다.

3. 머리에 단추 눈 또는 나사 눈으로 눈을 달고, 입을 감침질한다.

4. 몸통의 가장 마지막 단에 실을 통과시켜, 조여서 고정한다.

5. 머리의 가장 마지막 단에 실을 통과시켜 가볍게 조인 다음,
   몸통에 감침질한다.

입 (1장)·**갈색**

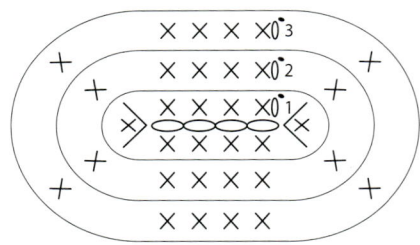

단수	콧수
3	12
2	12
1	12
기초코	사슬 4코로 기초코를 만든다.

몸통 (1장)·**고동색**

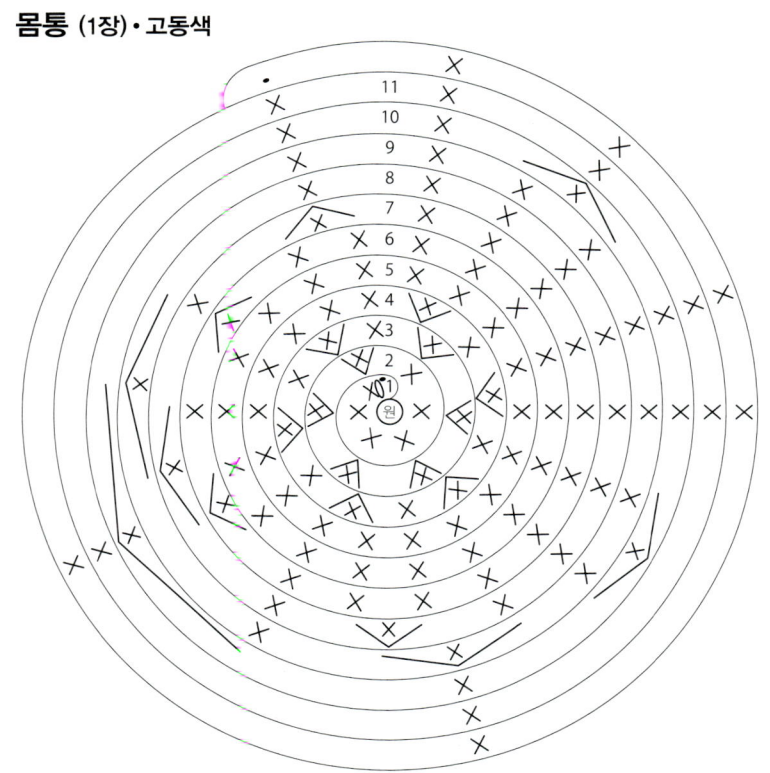

단수	콧수
11	8
10	8
9	8 (−3코)
8	11 (−2코)
7	13 (−3코)
6	16 (−2코)
5	18
4	18
3	18 (+6코)
2	12 (+6코)
1	원 기초코에 짧은뜨기 6코를 뜬다.

머리 (1장)・■고동색・□A색(베이지 또는 노란색)

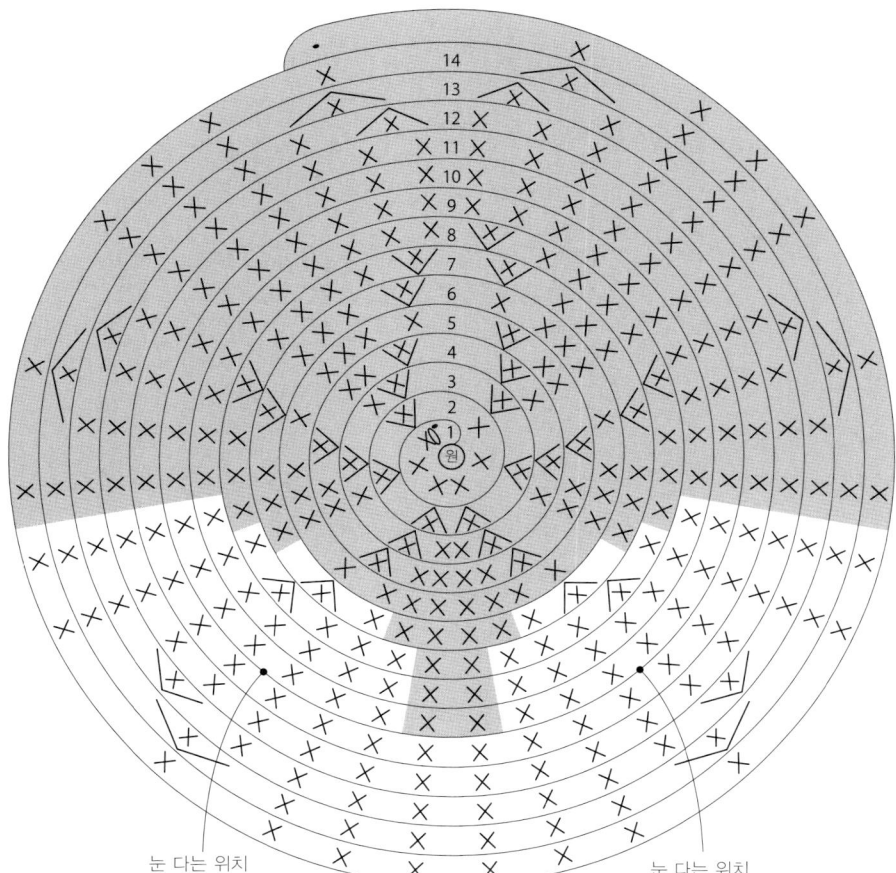

단수	콧수
14	24
13	24 (−6코)
12	30 (−6코)
11 〜 8	36 〜 36
7	36 (+6코)
6	30 (+6코)
5	24
4	24 (+6코)
3	18 (+6코)
2	12 (+6코)
1	원 기초코에 짧은뜨기 6코를 뜬다.

눈 다는 위치   눈 다는 위치

조립방법

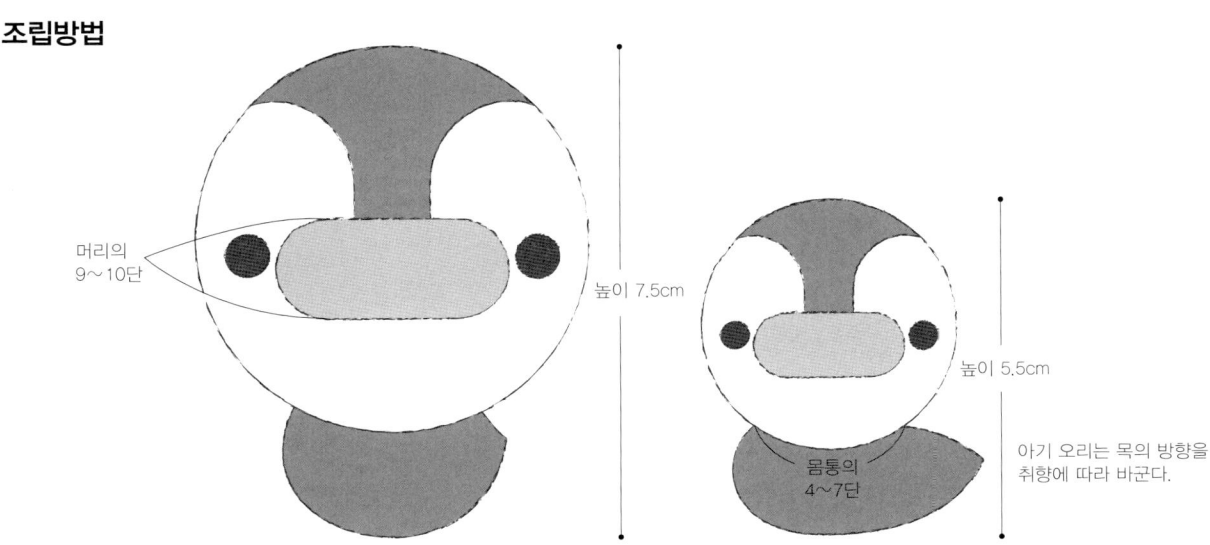

머리의
9〜10단

높이 7.5cm

높이 5.5cm

몸통의
4〜7단

아기 오리는 목의 방향을
취향에 따라 바꾼다.

개구리 Frog Photo ------ page 20

* 재료

●실
아크릴사 A색·연두색 또는 풀색 또는 녹색 9g,
흰색 1g, 빨간색 약간

●부자재
단추 눈 9mm(검은색) 각 2개
나사 눈 3mm(검은색) 각 2개

●기타
솜, 자수실(검은색) 3가닥

* 도구
코바늘 4/0호

* 만드는 법
● 실은 1가닥으로 뜬다.
1. 각 파트를 뜬다.
2. 눈두덩에 단추 눈으로 눈을 단다.
3. 배에 배꼽을 수놓는다.
4. 머리, 몸통, 눈두덩에 솜을 넣는다.
5. 머리에 눈두덩을 감침질한다.
6. 나사 눈으로 코를 붙이고, 입을 수놓는다.
7. 머리에 몸통을 감침질한다.
8. 몸통에 배, 다리, 팔을 감침질한다.

다음 파트는 공통 파트(42쪽)

머리(1장)······A색으로 뜬다.
몸통(1장)······A색으로 뜬다.
눈두덩(2장)······공통 파트 '귀'를 A색으로 뜬다.
팔(2장)······A색으로 뜬다.
다리(2장)······A색으로 뜬다.

조립방법

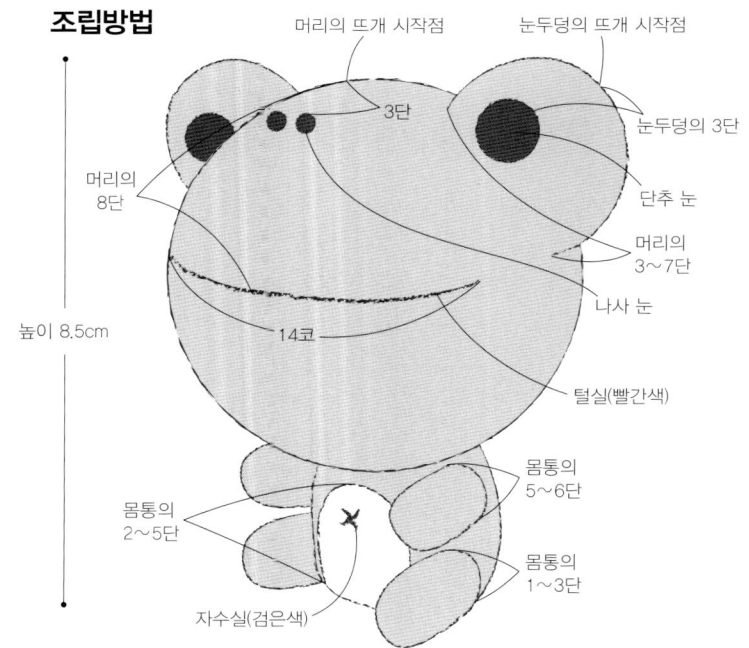

머리의 뜨개 시작점
눈두덩의 뜨개 시작점
3단
눈두덩의 3단
머리의 8단
단추 눈
머리의 3~7단
나사 눈
14코
털실(빨간색)
높이 8.5cm
몸통의 5~6단
몸통의 2~5단
몸통의 1~3단
자수실(검은색)

배 (1장) · 흰색

단수	콧수
2	10 (+5코)
1	원 기초코에 짧은뜨기 5코를 뜬다.

※ 뜨개지의 뒷면을 겉으로 사용한다.

호랑이　Tiger　Photo------page 22

✱ 재료
● 실
아크릴사 노란색 9g, 흰색 3g, 검은색 3g
● 부자재
단추 눈 6mm(검은색) 2개, 나사 눈 13mm(검은색) 1개
● 기타
솜, 자수실(검은색) 3가닥

✱ 도구
코바늘 4/0호

✱ 만드는 법
● 실은 1가닥으로 뜬다.
1. 각 파트를 뜬다.
2. 입에 나사 눈으로 코를 붙이고, 수를 놓는다.
3. 머리, 몸통, 입에 솜을 넣는다.
4. 머리에 단추 눈으로 눈을 달고, 입, 귀를 감침질한다.
5. 머리에 몸통을 감침질한다.
6. 몸통에 다리, 팔, 꼬리를 감침질한다.
7. 머리와 몸통에 검은색 털실 2가닥으로 무늬를 수놓는다.

다음 파트는 공통 파트(42쪽)
머리(1장)……노란색으로 뜬다.
몸통(1장)……노란색으로 뜬다.
입 ②(1장)……흰색으로 뜬다.
팔(2장)……노란색으로 뜬다.
다리(2장)……노란색으로 뜬다.
꼬리(1장)……공통 파트 '팔'을 노란색으로 뜬다.

귀 (2장)・■검은색・□흰색

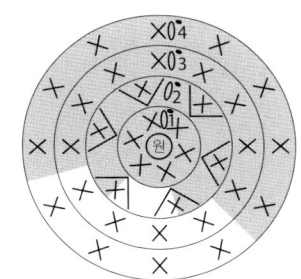

단수	콧수
4	12
3	12
2	12 (+6코)
1	원 기초코에 짧은뜨기 6코를 뜬다.

조립방법

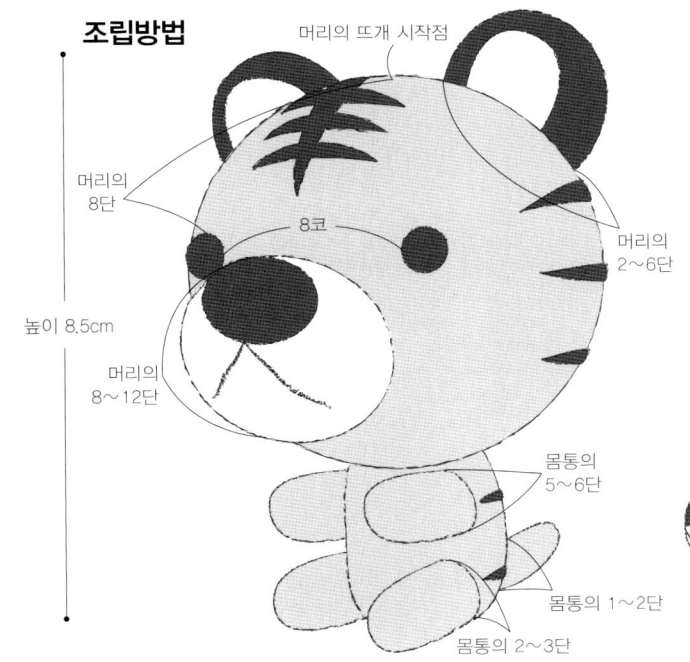

머리의 뜨개 시작점
머리의 8단
8코
머리의 2～6단
높이 8.5cm
머리의 8～12단
몸통의 5～6단
몸통의 1～2단
몸통의 2～3단

무늬 넣는 법

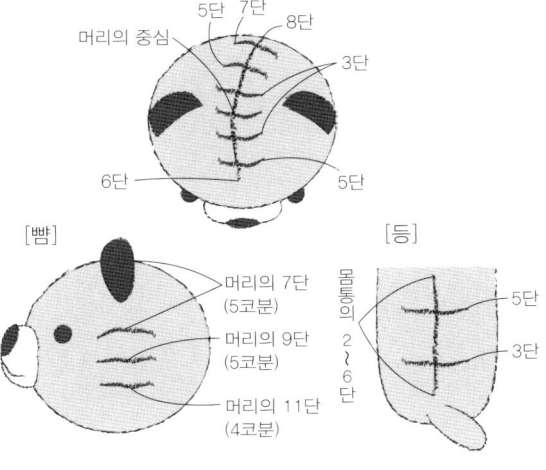

5단　7단　8단
머리의 중심
3단
6단
5단

[뺨]
머리의 7단 (5코분)
머리의 9단 (5코분)
머리의 11단 (4코분)

[등]
몸통의 2～6단
5단
3단

57

갓파 K a p ɔ a Photo ------ page 24

※ 갓파(河童)는 일본 전설 속의 동물로, 강이나 호수, 바다 등에 사는 물의 요괴입니다.

✳ 재료
● 실
아크릴사 연두색 9g, 녹색 3g, 노란색 3g
● 부자재
단추 눈 6mm(검은색) 2개
● 기타
솜

┌─────────────────────────────┐
│ **다음 파트는 공통 파트(42쪽)** │
│ 머리(1장)⋯⋯연두색으로 뜬다. │
│ 몸통(1장)⋯⋯연두색으로 뜬다. │
│ 팔(2장)⋯⋯연두색으로 뜬다. │
│ 다리(2장)⋯⋯연두색으로 뜬다. │
└─────────────────────────────┘

✳ 도구
코바늘 4/0호

✳ 만드는 법
● 실은 1가닥으로 뜬다.
1. 각 파트를 뜬다.
2. 등딱지에 수를 놓는다.
3. 머리, 몸통, 입, 등딱지에 솜을 넣는다.
4. 머리에 단추 눈으로 눈을 달고, 입, 접시를 감침질한다.
5. 머리에 몸통을 감침질한다.
6. 몸통에 다리, 팔, 등딱지를 감침질한다.

조립방법

입 (1장) · 노란색

단수	콧수
2	16
1	16
기초코	사슬 6코로 기초코를 만든다.

※뜨개지의 뒷면을 겉으로 사용한다.

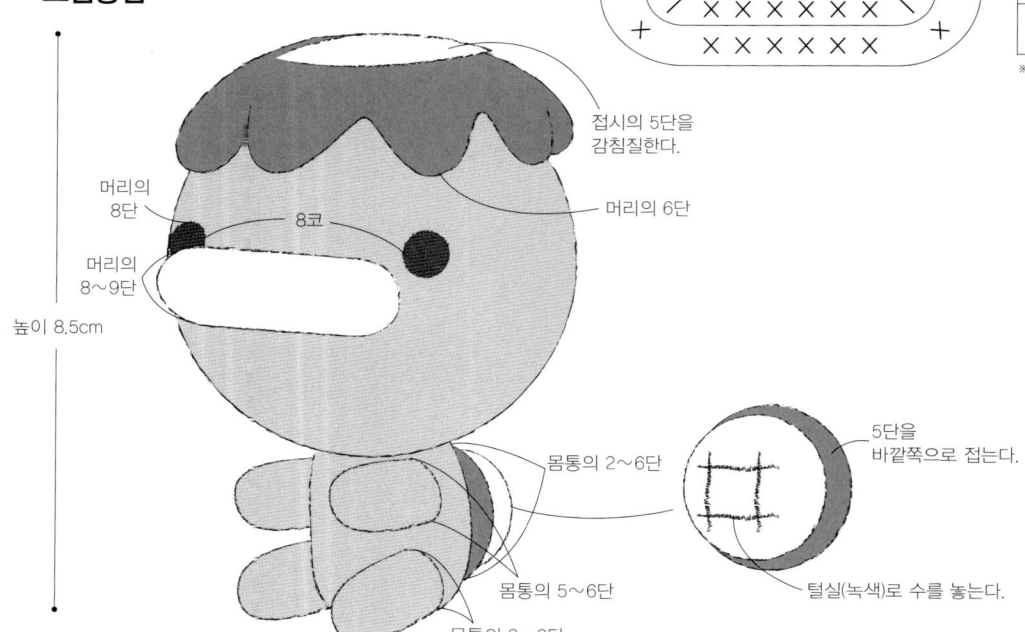

접시의 5단을 감침질한다.

머리의 8단
8코
머리의 6단

머리의 8~9단

높이 8.5cm

몸통의 2~6단
몸통의 5~6단
몸통의 2~3단

5단을 바깥쪽으로 접는다.

털실(녹색)로 수를 놓는다.

접시 (1장) • ■ 노란색 • □ 녹색

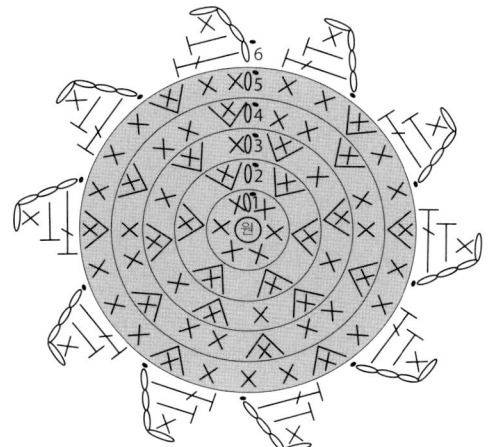

단수	콧수	
6	무늬 10개	녹색
5	30 (+6코)	
4	24 (+6코)	노란색
3	18 (+6코)	
2	12 (+6코)	
1	원 기초코에 짧은뜨기 6코를 뜬다.	

※ 뜨개지의 뒷면을 겉으로 사용한다.

등딱지 (1장) • ■ 노란색 • □ 녹색

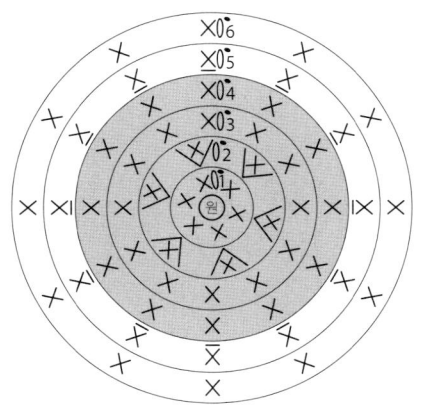

단수	콧수	
6	12	녹색
5	12*	
4	12	노란색
3	12	
2	12 (+6코)	
1	원 기초코에 짧은뜨기 6코를 뜬다.	

*5단은 이랑뜨기
※ 뜨개지의 뒷면을 겉으로 사용한다.

라쿤 Raccoon Photo------ page 26

＊ 재료

●실

아크릴사 겨자색 8g, 흰색 3g, 고동색 4g

●부자재

단추 눈 6mm(검은색) 2개

나사 눈 13mm(검은색) 1개

●기타

솜, 자수실(검은색) 3가닥

＊ 도구

코바늘 4/0호

＊ 만드는 법

●실은 1가닥으로 뜬다.

1. 각 파트를 뜬다.

2. 입에 나사 눈으로 코를 붙이고, 수를 놓는다.

3. 머리, 몸통, 입, 꼬리에 솜을 넣는다.

4. 머리에 단추 눈으로 눈을 달고, 입, 귀를 감침질한다.

5. 머리에 몸통을 감침질한다.

6. 몸통에 다리, 팔, 꼬리를 감침질한다.

> **다음 파트는 공통 파트(42쪽)**
>
> 몸통(1장)……겨자색으로 뜬다.
> 팔(2장)……1, 2단은 고동색으로, 3, 4단은
> 　　　　　 겨자색으로 뜬다.
> 다리(2장)……1, 2단은 고동색으로, 3, 4단은
> 　　　　　 겨자색으로 뜬다.

입 (1장) · □흰색 · ■겨자색

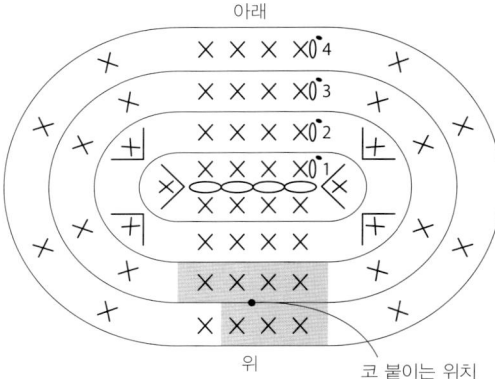

단수	콧수
4	16
3	16
2	16 (+4코)
1	12
기초코	사슬 4코로 기초코를 만든다.

귀 (2장) · □흰색 · ■고동색

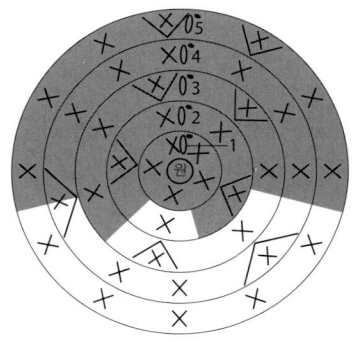

단수	콧수
5	14 (+2코)
4	12 (+2코)
3	10 (+3코)
2	7 (+2코)
1	원 기초코에 짧은뜨기 5코를 뜬다.

꼬리 (1장) · ▨겨자색 · ■고동색

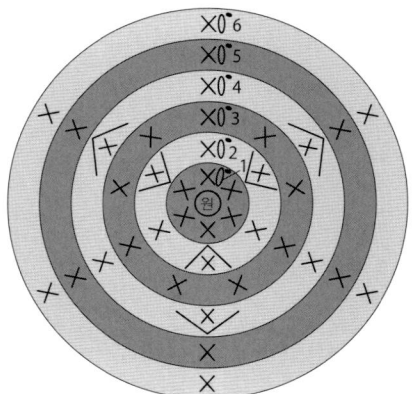

단수	콧수
6	6
5	6
4	6 (−3코)
3	9
2	9 (+3코)
1	원 기초코에 짧은뜨기 6코를 뜬다.

머리 (1장) • □흰색 • ▨겨자색 • ▧고동색

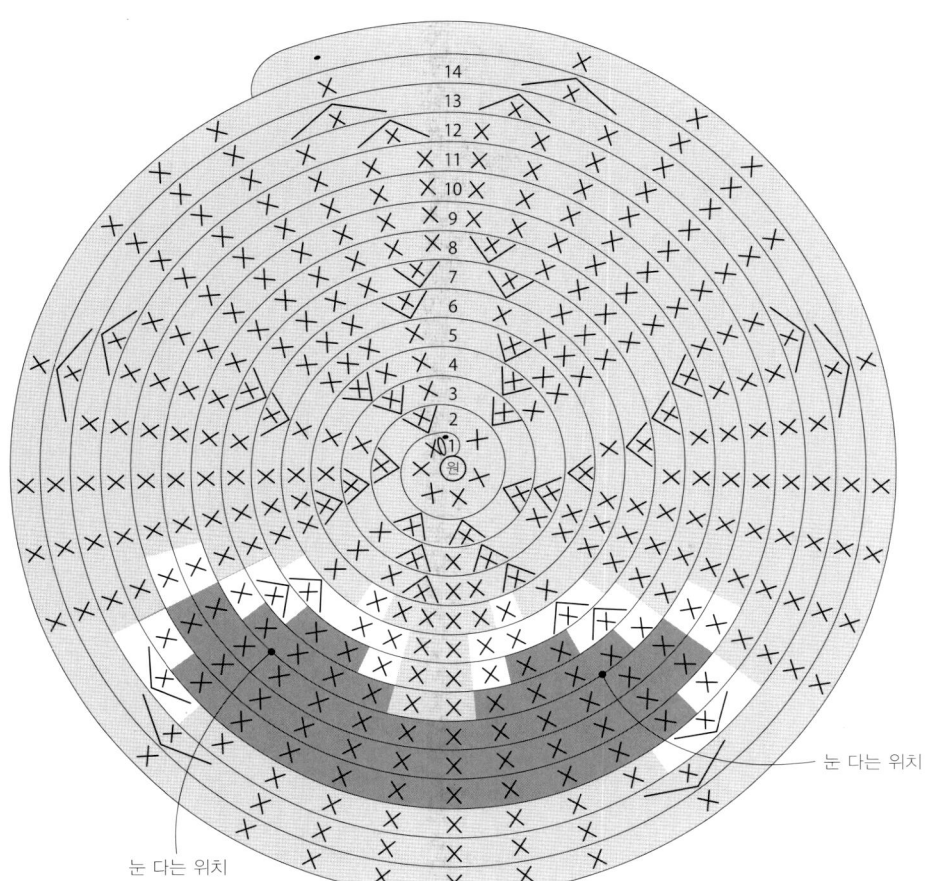

눈 다는 위치
눈 다는 위치

단수	콧수
14	24
13	24 (−6코)
12	30 (−6코)
11 ~ 8	36 ~ 36
7	36 (+6코)
6	30 (+6코)
5	24
4	24 (+6코)
3	18 (+6코)
2	12 (+6코)
1	원 기초코에 짧은뜨기 6코를 뜬다.

조립방법

머리의 2~7단
머리의 8~12단
몸통의 5~6단
몸통의 1~3단
몸통의 2~3단
높이 9cm

61

산타클로스 Santa Claus Photo ------ page 28

✽ 재료
● 실
순모사 베이지색 5g
아크릴·울 혼방사 빨간색 5g, 흰색 3g, 검은색 2g
● 부자재
나사 눈 4mm(검은색) 2개
● 기타
솜, 자수실(노란색) 6가닥

✽ 도구
코바늘 3/0호

✽ 만드는 법
● 실은 1가닥으로 뜬다.
1. 각 파트를 뜬다.
2. 머리, 몸통, 모자 방울에 솜을 넣는다.
3. 머리에 나사 눈으로 눈을 달고, 코와 귀를 감침질한다.
4. 머리에 몸통을 감침질한다.
5. 몸통에 벨트를 수놓는다.
6. 몸통에 팔, 다리를 감침질한다.
7. 모자에 모자 방울을 감침질한다.
8. 모자에 솜을 넣고, 머리에 감침질한다.
9. 머리에 눈썹을 수놓고, 수염을 붙인다.

┌─────────────────────────────┐
│ **다음 파트는 공통 파트(42쪽)** │
│ 머리(1장)……베이지색으로 뜬다. │
│ 몸통(1장)……빨간색으로 뜬다. │
└─────────────────────────────┘

팔과 다리 (각 2장)

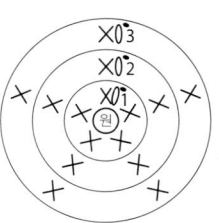

단수	콧수	팔	다리
3	5	빨간색	빨간색
2	5		
1	원 기초코에 짧은뜨기 5코를 뜬다.	베이지색	검은색

귀 (2장) · 베이지색

원 기초코에
짧은뜨기 5코를 뜬다.

코 (1장) · 베이지색

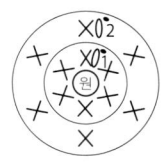

단수	콧수
2	6
1	원 기초코에 짧은뜨기 6코를 뜬다.

※뜨개지의 뒷면을 겉으로 사용한다.

모자 (1장)・□흰색・■빨간색

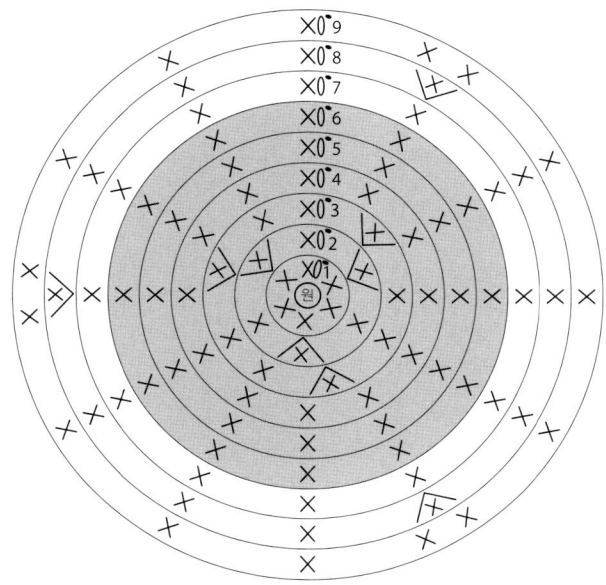

단수	콧수	
9	15	흰색
8	15 (+3코)	흰색
7	12	
6	12	
5	∫	빨간색
4	12	
3	12 (+3코)	빨간색
2	9 (+3코)	
1	원 기초코에 짧은뜨기 6코를 뜬다.	

※7단 코를 바깥쪽으로 접는다.

모자 방울 (1장)・흰색

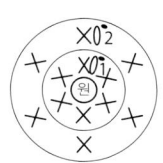

단수	콧수
2	6
1	원 기초코에 짧은뜨기 6코를 뜬다.

※뜨개지의 뒷면을 겉으로 사용한다.

조립방법

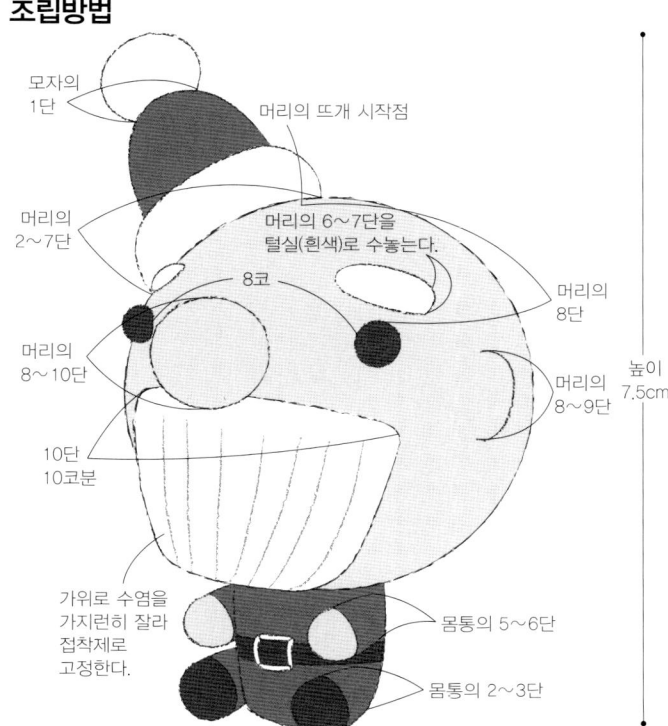

모자의
1단

머리의 뜨개 시작점

머리의
2~7단

머리의 6~7단을
털실(흰색)로 수놓는다.

8코

머리의
8단

머리의
8~10단

머리의
8~9단

10단
10코분

높이
7.5cm

가위로 수염을
가지런히 잘라
접착제로
고정한다.

몸통의 5~6단

몸통의 2~3단

[벨트 다는 법]

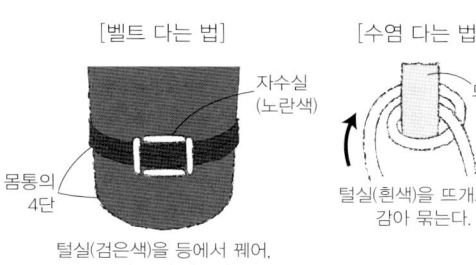

자수실
(노란색)

몸통의
4단

털실(검은색)을 등에서 꿰어.
두 번 둘러 감는다.

[수염 다는 법]

뜨개코

털실(흰색)을 뜨개코에
감아 묶는다.

✻ 재료

● 실

순모사 갈색 7g

아크릴·울 혼방사 베이지색 3g, 빨간색 1g

● 부자재

나사 눈 4mm(검은색) 2개

● 기타

솜, 자수실(검은색) 3기닥

✻ 도구

코바늘 3/0호

✻ 만드는 법

● 실은 1가닥으로 뜬다.

1. 각 파트를 뜬다.

2. 입에 코를 감침질하고, 수를 놓는다.

3. 머리, 몸통, 입에 솜을 넣는다.

4. 뿔 ①에 뿔 ②를 감침질한다.

5. 머리에 나사 눈으로 는을 달고, 입, 뿔 ①, 반으로

   접은 귀를 감침질한다.

6. 머리에 몸통을 감침질한다.

7. 몸통에 팔, 다리, 꼬리를 감침질한다.

8. 목에 빨간색 털실을 둘러 묶는다.

다음 파트는 공통 파트(42쪽)

머리(1장)······갈색으로 뜬다.

몸통(1장)······갈색으로 뜬다.

입 ①(1장)······갈색으로 뜬다.

팔 (2장) 다리 (2장) 꼬리 (1장)·갈색

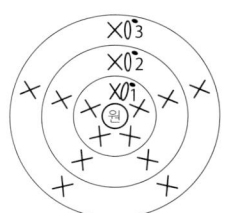

단수	콧수
3	5
2	5
1	원 기초코에 짧은뜨기 5코를 뜬다.

귀 (2장)·갈색

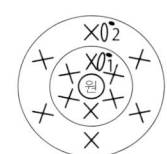

단수	콧수
2	6
1	원 기초코에 짧은뜨기 6코를 뜬다.

코 (1장)·빨간색

단수	콧수
1	원 기초코에 짧은뜨기 6코를 뜬다.

※뜨개지의 뒷면을 겉으로 사용한다.

뿔 ① (2장) • 베이지색

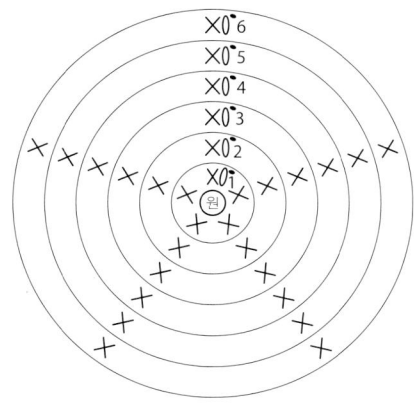

단수	콧수
6 ~ 2	6 ~ 6
1	원 기초코에 짧은뜨기 6코를 뜬다.

뿔 ② (2장) • 베이지색

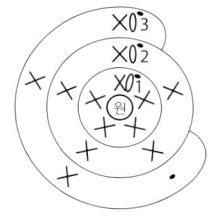

단수	콧수
3	3
2	5
1	원 기초코에 짧은뜨기 5코를 뜬다.

조립방법

높이 7cm

머리의 뜨개 시작점

머리의 8단

머리의 8~12단

머리의 2~4단

머리의 5단

뿔 ①의 뜨개 시작점

뿔 ①

뿔 ②

뿔 ①의 2~4단

귀는 반으로 접는다.

자수실(검은색)로 수를 놓는다.

털실(빨간색)을 둘러 묶는다.

몸통의 5~6단

몸통의 2~3단

몸통의 2~3단

스트랩 Strap Photo------page 30

＊재료

곰
● 실
순모사 갈색 6g
아크릴·울 혼방사 흰색 2g, 검은색 1g
● 부자재
나사 눈 4mm(검은색) 2개
● 기타
솜, 자수실(검은색) 3가닥, O링(2중 고리), 핸드폰 고리

토끼
● 실
아크릴·울 혼방사 분홍색 6g, 흰색 2g, 검은색 1g
● 부자재
나사 눈 4mm(검은색) 2개
● 기타
솜, 자수실(검은색) 3가닥, O링(2중 고리), 핸드폰 고리

돼지
● 실
순모사 살구색 6g
아크릴·울 혼방사 빨간색 2g
● 부자재
나사 눈 4mm(검은색) 2개
● 기타
솜, 자수실(검은색) 3가닥, O링(2중 고리), 핸드폰 고리

＊도구
코바늘 3/0호

＊만드는 법
● 실은 1가닥으로 뜬다.
● 팔다리, 코 이외의 뜨개 도안은 각각의 만드는 법 페이지를 참조.

곰
1. 각 파트를 뜬다. 단, 입은 공통 파트 입 ②의 도안을 사용한다.
2. 곰 만드는 법(45쪽)을 참조하여, 똑같이 만든다.
3. 스트랩으로 만들 때는, 머리에 O링을 머리와 같은 실로
   꿰매어 고정한 다음, 핸드폰 고리를 단다.

토끼
1. 각 파트를 뜬다. 단, 토끼의 발부리는 생략한다.
2. 토끼 만드는 법(44쪽)을 참조하여, 똑같이 만든다.
3. 스트랩으로 만들 때는, 머리에 O링을 머리와 같은 실로
   꿰매어 고정한 다음, 핸드폰 고리를 단다.

돼지
1. 각 파트를 뜬다. 단, 멜빵은 생략한다.
2. 돼지 만드는 법(52쪽)을 참조하여, 똑같이 만든다.
3. 스트랩으로 만들 때는, 머리에 O링을 머리와 같은 실로
   꿰매어 고정한 다음, 핸드폰 고리를 단다.

팔과 다리 (각 2장)

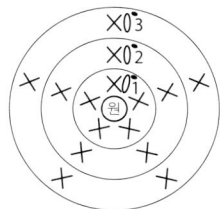

단수	콧수	돼지·팔	돼지·다리
3	5		빨간색
2	5	살구색	
1	원 기초코에 짧은뜨기 5코를 뜬다.		살구색

※곰은 전부 갈색, 토끼는 전부 분홍색으로 뜬다.

코 (1장) · 검은색 ※ 곰과 토끼

단수	콧수
1	원 기초코에 짧은뜨기 6코를 뜬다.

※ 뜨개지의 뒷면을 겉으로 사용한다.

조립방법

[스트랩 다는 법]
O링을 얼굴의 정면에서 세로 방향이 되도록 꿰매어 단다.
핸드폰 고리를 O링에 연결한다.

머리의
2~4단

머리의
2~7단

머리의
2~7단

높이
5.5cm

높이
7cm

높이
5.8cm

머리의
8~12단

머리의
8~12단

몸통의
5~6단

몸통의 2~3단

몸통의 2~3단

팔 · 다리 · 꼬리 붙이는 위치는
곰과 같다.

팔 · 다리 꼬리 붙이는 위치는
곰과 같다.

곰돌이 파우치 · 판다 파우치

Pouch Photo ------ page 31

다음 파트는 공통 파트(42쪽)

곰 몸통(1장)……갈색으로 뜬다.
　　꼬리(1장)……갈색으로 뜬다.
판다 몸통(1장)……1~5단은 미색으로, 6, 7단은 검은색으로 뜬다.
　　꼬리(1장)……미색으로 뜬다.

✳ 재료
●실
곰돌이 파우치 : 아크릴사 갈색 38g,
미색 6g, 검은색 2g
판다 파우치 : 아크릴사 미색 30g,
검은색 14g
●부자재
단추 눈 13mm(검은색) 각 2개
●기타
솜, 지퍼(20cm) 각 1개,
자수실(검은색·판다용 6가닥

✳ 도구
코바늘 6/0호

✳ 만드는 법
●실은 1가닥으로 뜬다.
1. 각 파트를 뜬다.
2. 입에 코를 감침질한다. 판다는
　　입을 수놓는다.
3. 입과 몸통에 솜을 넣는다.
4. 머리 2장을 겹쳐 놓고, 하반부를
　　빼뜨기하여 연결한다.
5. 머리의 상반부는 1장 1장 따로
　　빼뜨기를 한다.
6. 곰의 머리에 눈을 달고, 입을
　　감침질한다. 판다는 눈두덩에 눈을
　　달고, 입과 눈두덩을 머리에 감침질한다.
7. 뒤쪽 머리에 귀를 감친질로 붙인다.
8. 머리에 지퍼를 박음질해 단다.
9. 머리에 몸통을 감침질한다.
10. 몸통에 팔, 다리, 꼬리를
　　감침질한다.

머리 (각 2장) · 곰은 갈색 · 판다는 미색

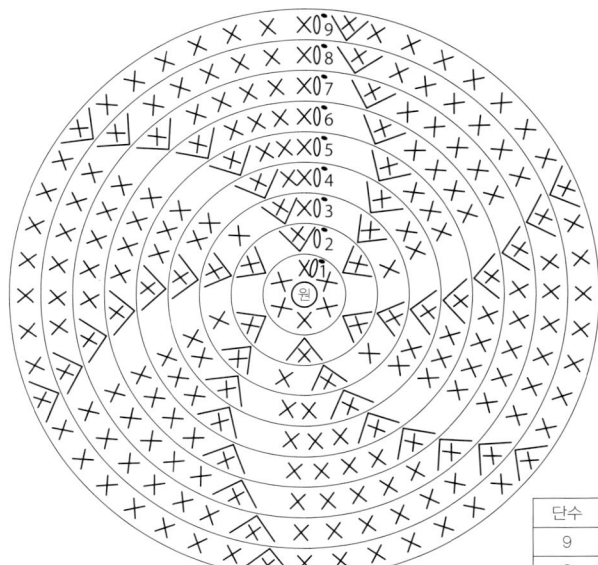

단수	콧수
9	54 (+6코)
8	48 (+6코)
7	42 (+6코)
6	36 (+6코)
5	30 (+6코)
4	24 (+6코)
3	18 (+6코)
2	12 (+6코)
1	원 기초코에 짧은뜨기 6코를 뜬다.

※뜨개지의 뒷면을 겉으로 사용한다.

귀 (각 2장) · 곰은 갈색 · 판다는 검은색

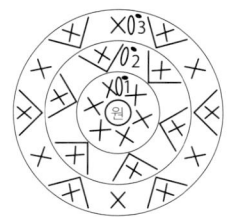

단수	콧수
3	18 (+6코)
2	12 (+6코)
1	원 기초코에 짧은뜨기 6코를 뜬다.

팔 · 다리 (각 2장) · 곰은 갈색 · 판다는 검은색

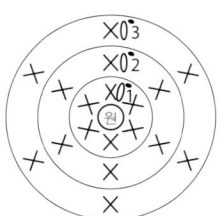

단수	콧수
3	6
2	6
1	원 기초코에 짧은뜨기 6코를 뜬다.

입 (각 1장) • 미색

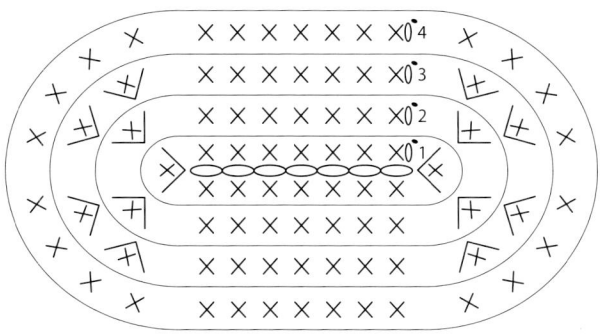

단수	콧수
4	30
3	30 (+8코)
2	22 (+4코)
1	18 (+4코)
기초코	사슬 7코로 기초코를 만든다.

코 (각 1장) • 검은색

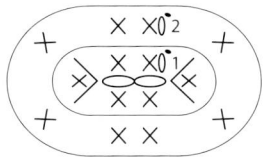

단수	콧수
2	8
1	8
기초코	사슬 2코로 기초코를 만든다.

※ 뜨개지의 뒷면을 겉으로 사용한다.

눈두덩 (판다만 2장) • 검은색

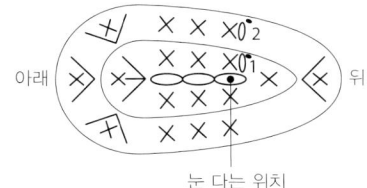

아래   위

눈 다는 위치

단수	콧수
2	14 (+4코)
1	10
기초코	사슬 3코로 기초코를 만든다.

※ 뜨개지의 뒷면을 겉으로 사용한다.

조립방법

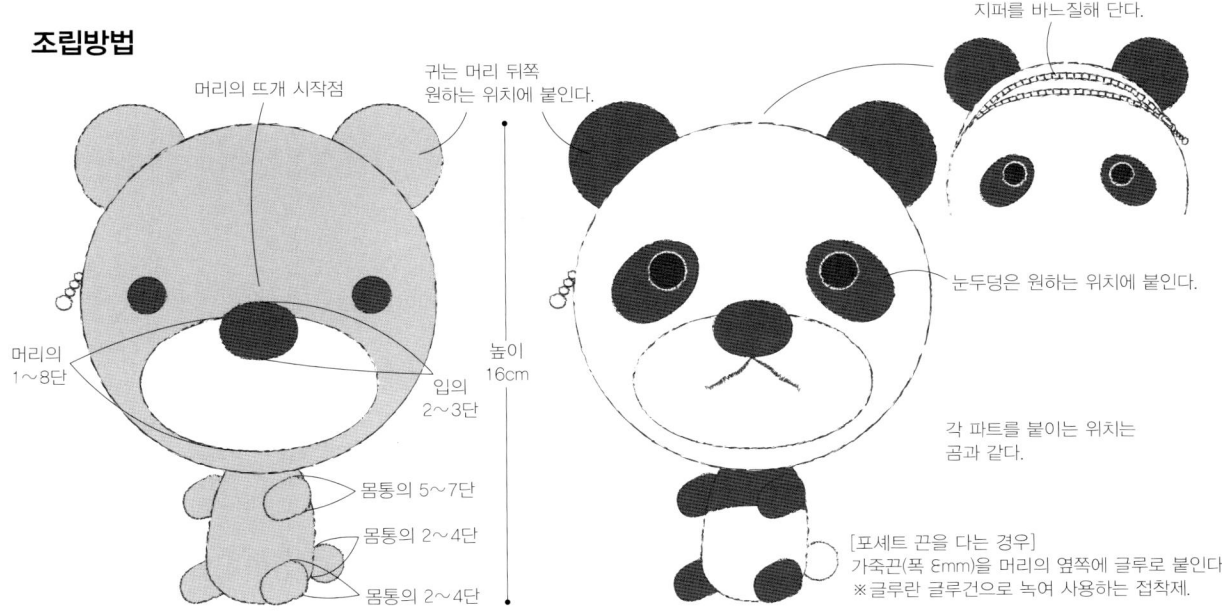

머리의 뜨개 시작점

귀는 머리 뒤쪽
원하는 위치에 붙인다.

머리의
1~8단

입의
2~3단

몸통의 5~7단

몸통의 2~4단

몸통의 2~4단

높이
16cm

지퍼를 바느질해 단다.

눈두덩은 원하는 위치에 붙인다.

각 파트를 붙이는 위치는
곰과 같다.

[포셰트 끈을 다는 경우]
가죽끈(폭 8mm)을 머리의 옆쪽에 글루로 붙인다.
※글루란 글루건으로 녹여 사용하는 접착제.

코바늘뜨기 기호와 뜨는 법

이 책에 나오는 기본적인 코바늘뜨기 기호와 뜨는 법을 소개합니다.
기초코 및 뜨개 시작 방법은 '짧은뜨기 레슨'(32~40쪽)을 참조해주세요.

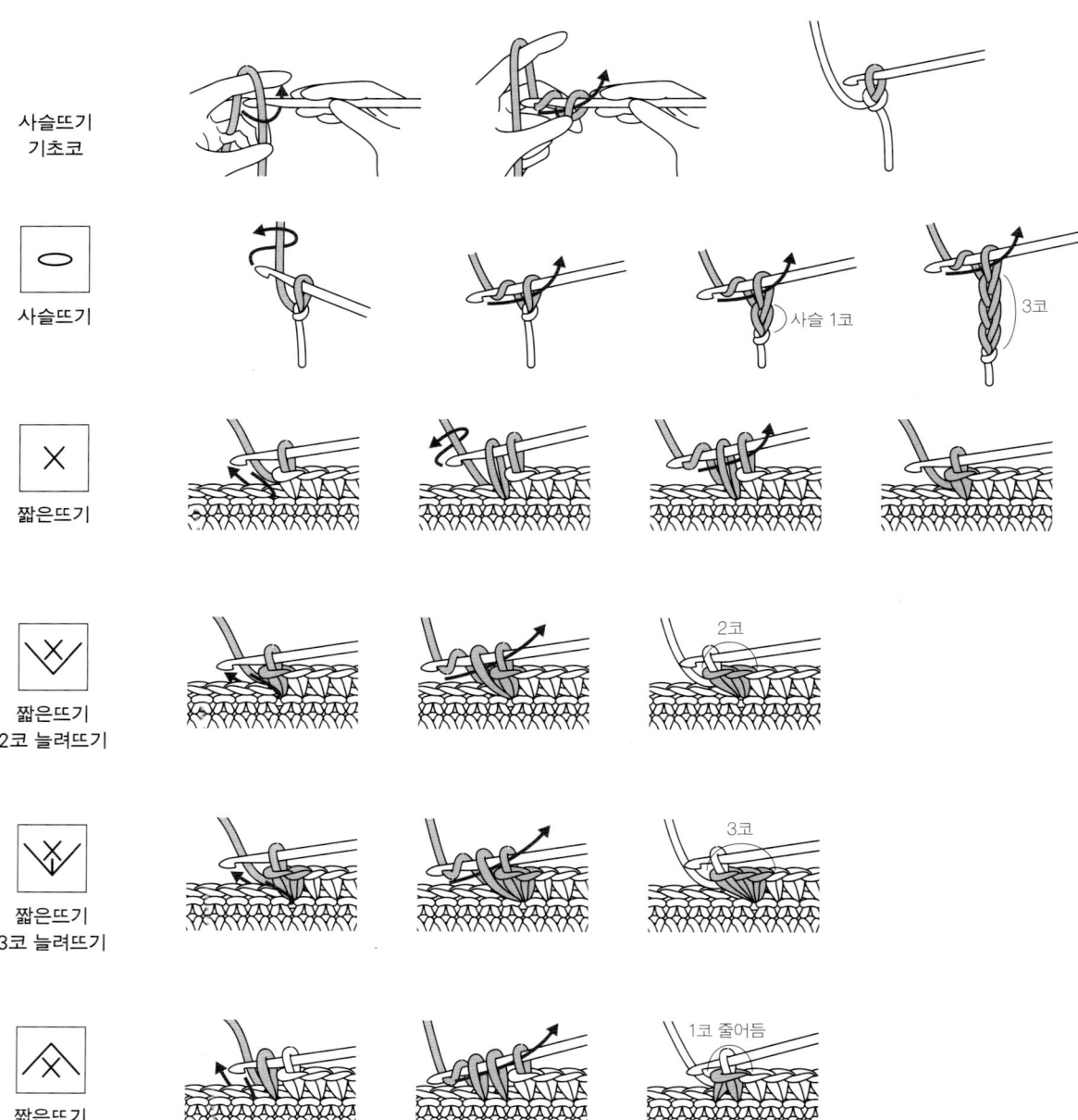

사슬뜨기
기초코

사슬뜨기

짧은뜨기

짧은뜨기
2코 늘려뜨기

짧은뜨기
3코 늘려뜨기

짧은뜨기
2코 모아뜨기

사슬 1코

3코

2코

3코

1코 줄어듦

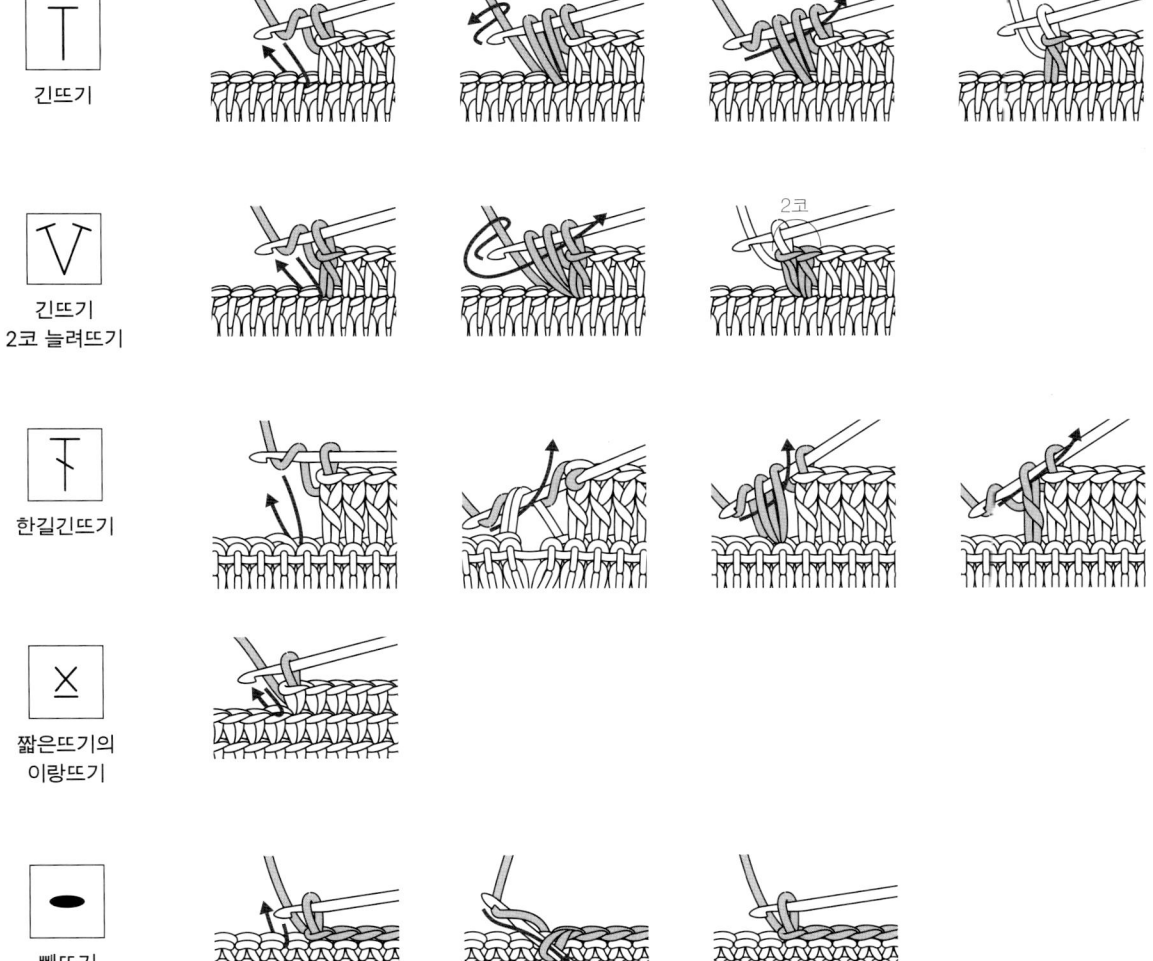

긴뜨기				
긴뜨기 2코 늘려뜨기			2코	
한길긴뜨기				
짧은뜨기의 이랑뜨기				
빼뜨기				

호시 미쓰키 (ほし☆みつき)

손뜨개 인형 작가. '무엇이든 손뜨개 인형으로 표현'을 모토로 창작 활동을 하고 있다. 가장 좋아하는 강아지 손뜨개 인형을 비롯하여, 다양한 동물과 음식을 손뜨개 인형으로 표현하였고 다수의 저서가 있다. 주요 저서로 《뜨개 강아지의 매일 ①~③》(문화출판국) 등이 있다.

http://hoshi-mitsuki.com

Original Staff

사진 : 나구모 야스오
디자인 : 오야부 쓰구미, 마스키 다카코(Phrase)
도안 : 팩토리 워터
뜨개 도안 검토 : 아다치 가즈코
편집 : 무라마쓰 재에(Cre-Sea)
촬영 협력 : 보빈 http://www.bobbin.bz/

머리가 커서 귀여운
손뜨개 인형

1판 1쇄 인쇄 2014년 01월 05일
1판 1쇄 발행 2014년 01월 10일

저   자 | 호시 미쓰키
역   자 | 강수현
편   집 | 엄진섭, 김남진
디 자 인 | 윤재영
경영지원 | 노윤진, 이수열
영   업 | 윤진호
출   력 | 달리는 거북이
인   쇄 | 영창인쇄

발 행 인 | 손호성
펴 낸 곳 | 봄봄스쿨

일 원 화 | 북센

등   록 | 제 312-2003-000016호
주   소 | 서울시 서대문구 대신동 90-1 국제빌딩 202호
전   화 | 070.7535.2958
팩   스 | 0505.220.2958
e-mail | atmark@argo9.com
Home page | www.facebook.com/bombomschool

ISBN 979-11-85423-01-2 13590

※ 값은 책표지에 표시되어 있습니다.
※ 〈봄봄스쿨〉은 국내 친환경 인증 콩기름 잉크를 사용하여 인쇄합니다.